214

on vit déjà fleurir la Sagesse & l'Éloquence parmi des hommes, qui au-
paravant avoient été enfoncés dans
l'ignorance & la grossiereté autant
que les Peuples les plus barbares. Le
commerce qu'ils ouvrirent alors avec
l'Egypte & l'Asie leur donna les pre-
mieres teintures du bon goût, & de la
politesse, & d'un sage gouvernement.
Les uns y puiserent les principes de
la Philosophie; d'autres y aprirent
le culte des Dieux; ceux-ci y allerent
étudier les Loix; ceux-là raporterent
de Phénicie. (t) un Alphabet plus

(s) C'est l'époque & le jugement qu'en porte Ci-
ceron, qui, avoir parfaitement étudié l'origine &
les progrès de l'éloquence Grecque, in Bruto, semble de
Claris Oratoribus, p. 575, & seq.

(t) Eusebe, dit que les Lettres Phéniciennes ne
furent reçues en Grèce qu'après l'abolition des
Tirans de Tyran. La perfection où étoit déjà la Poësie

(v) Pausan
fiche du Mon
rorique MM.
fonds en 1649.

MA

REPUBLIQUE

1367

MA

REPUBLIQUE

Auteur, PLATON.

Éditeur, J. DE SALES.

TOME II.

Ouvrage destiné a être
publié
L'an M. DCCC.

DE TROIS MORALES.

PENDANT que l'inconnu soulevait peu à peu le rideau qui, depuis tant de siècles, nous cache le pacte social, un spectacle terrible préparait une nouvelle atteinte à sa sensibilité : cependant le ciel en feu n'annonçait point l'approche d'un orage, la mer, unie comme le crystal, était aussi calme que le cœur du philosophe; mais on entendait de loin en loin des roulemens de tonnerre qui offraient un présage d'autant plus sinistre que la sérénité du firma-

Tome II.   A

ment les rendait inexplicables !
comme nos voiles portaient du
côté de ce foyer d'alarmes, les
matelots dont l'oreille était exer-
cée, reconnurent bientôt que ces
roulemens étaient des coups de
canon repetés par les échos des
montagnes d'Asie et enfin il ne
fut plus possible de se refuser à
l'idée que c'étaient les signaux de
détresse d'un vaisseau qui, suivant la langue des marins, allait
sombrer sous voiles.

Notre capitaine, guidé par la
lueur mourante d'un dernier cré-
puscule, fit diriger la manœuvre,
de manière que nous pussions at-

teindre le navire infortuné avant
que la mer l'engloutit. Nous ne
tardâmes pas à être à sa portée :
alors nous vîmes distinctement un
grand corps de vaisseau, dont les
vagues étaient sur le point d'atteindre le tillac ; des voyes d'eau
avaient causé son désastre ; c'était
en vain qu'on avait tenté de les
épuiser ; des squelettes livides et
haletans travaillaient sans espé-
rance autour des pompes et on
avait été obligé, à notre approche,
de jetter dans la mer les vergues
et les mâts de hune pour éloigner
de quelques minutes le plus terrible des naufrages.

A 2

Cependant on préparait nos chaloupes afin d'aller au secours de l'équipage : tout-à-coup le commodore fait arrêter la manœuvre, et s'élançant vers l'étranger : philosophe, lui dit-il, conseilles-moi ; je reconnais ce navire : c'est une frégate turque qui croise sans cesse aux Dardanelles, chargée des expéditions les plus sinistres du grand seigneur. L'eunuque qui la commande n'a d'autre fonction que de faire tomber les têtes que le divan lui désigne : si nous laissions le ciel venger lui-même tout le sang innocent répandu par ces vils satellites du despotisme.....

Le sage eut un trouble involon-
taire ; il pressentit un grand danger à être sensible ; mais repre-
nant tout à coup ses esprits : qui
nous a établis, dit-il , les juges des
rois ? O mon digne libérateur ! ne
soyez pas généreux à demi : l'humanité nous parle par le péril de
tant d'infortunés : ce cri déchirant du cœur est moins fait pour
nous égarer que les froids sophismes de la politique : croyez-moi ,
sauvons ces farouches exécuteurs
des loix, puisqu'ils sont hommes...
dussent-ils, pour prix de mes conseils, faire tomber ma tête.

Le capitaine n'entendit pas ces

A 3

derniers mots : déjà il avait donné
l'ordre à la grande chaloupe d'a-
border le navire à demi submergé.
Il était tems de le secourir ; on
voyait rassemblés sur le tillac une
foule de malheureux exténués de
fatigue et de faim, s'agitant dans
cette espèce de prison, dont ils
ne pouvaient sortir, tandis que la
mort, conduite par les vagues, y
entrait de toutes parts : tous ten-
daient les bras vers leurs libérateurs, qui, malgré le mouvement
rapide des rames, n'avançaient
point assez au gré de leur impa-
tience. Enfin la chaloupe les reçut. L'eunuque commandant y
entra le dernier ; il avait cru ne

pouvoir conserver sa vie qu'après avoir assuré celle du dernier de son équipage.

Au milieu de ce tumulte, Eponine qui, quand l'humanité vulgaire était satisfaite, trouvait encore de nouveaux devoirs à remplir, apperçut dans la galerie de la poupe une espèce de pavillon en osier, qu'agitait en tout sens un mouvement interne, différent de celui des vagues : instruite des terribles effets de la jalousie ottomane, elle se douta à l'instant que le pavillon renfermait quelques jeunes infortunées, destinées aux plaisirs du sultan, qu'on aimait

A 4

mieux exposer à la mort qu'aux
regards des étrangers. A l'instant
elle se précipite dans la plus lé-
gère des chaloupes, la détache et
presse envain de ses doigts de ro-
ses des rames pesantes, qui refu-
sent de couper les vagues dans
la direction qu'elle détermine. Le
jeune esclave de l'Algérien voit
son danger, devine son dessein
(car qu'est - ce que la sensibilité
de la jeunesse vertueuse ne devine pas?) et s'élançant dans les
flots, il atteint la chaloupe versa-
tile, qu'il conduit avec légèreté
jusqu'auprès du vaisseau qu'on
venait d'abandonner. Eponine ar-
rivée ainsi à la hauteur de la ga-

lerie, brise elle-même les portiè-
res de la tente et délivre deux de
ses concitoyennes, qui en la re-
connaissant, tombent évanouies
dans ses bras.

L'enthousiasme de la vertu semblait doubler les forces de la jeune
héroïne; pendant que l'esclave
français veillait à la garde de la
nacelle, elle y transporte succes-
sivement les deux Grecques, aussi
fière d'un tel fardeau, que lorsqu'Enée sortait de Troye embrasée, portant son père et ses dieux.
Le sein de ces tendres victimes
de l'amour commençait à palpiter
sous les larmes de leur libératri-

A 5

ce, lorsqu'au signal que donna cette dernière, la chaloupe reprit avec précipitation sa route vers le Cosmopolite.

Il était tems de se mettre hors de la portée de la frégate ; car tout à coup une vague terrible couvrit la surface du tillac, et le vaisseau disparut : au même instant une montagne d'eau, élevée par le vuide effroyable que causa dans la mer la frégate submergée, vint en rugissant frapper la chaloupe d'Eponine, qui se serait brisée contre le Cosmopolite, sans la manœuvre hardie de l'esclave français, qui jouait avec la

même intelligence le rôle de pilote et celui de matelot.

L'équipage turc ainsi sauvé,
contre toute apparence, le commodore, témoin de l'action généreuse d'Eponine, fit ranger tout
le monde en cercle, et courbant
un genou devant elle, entoura,
d'une espèce de couronne civique, sa chevelure en désordre.
Le père ému se crut un moment
au Gymnase de l'antique Lacédémone.

L'esclave français, dans ce
triomphe de l'humanité parut seul
oublié : il avait atteint, au péril
de sa vie, la chaloupe, l'avait di-

rigée et sauvée, sans proférer un séul mot. Lorsque le danger ne fût plus, il alla en silence se cacher dans la foule. Un regard d'attendrissement d'Eponine vint l'y chercher. Sans ce regard, il aurait pu penser n'avoir eu que dieu pour témoin de sa vertu.

Toute cette scène de naufrage avait singulièrement échauffé les esprits dans le Cosmopolite. Le commodore, pour retrouver sa sérénité, vint reprendre sa paisible conversation avec le philosophe.

Votre attente est remplie : j'ai sauvé les jours de ces vils instrumens du despotisme, que j'aurais combattu s'ils avaient pu se dé-fendre. ____

Ce n'est pas à moi, c'est à vo-tre cœur sensible que vous avez cédé. Vous avez rempli la morale de l'homme. ____

Mais si cette morale de l'hom-me m'est contraire; si en prolon-geant l'existence d'un brigand je m'expose moi-même à ses bri-gandages? ____

Eh! croyez-vous qu'il y ait de la grandeur d'ame sans péril? Voyez Aristide qui va signer lui-même son nom sur la coquille de l'ostracisme ; Régulus qui retourne en triomphe chercher la mort à Carthage ; c'est le sacrifice qui, si j'ose le dire, donne de l'ame à la vertu. ——

On vint en ce moment demander les ordres du commodore, pour savoir où on placerait l'équipage de la frégate submergée ; sur les instances des Musulmans, on les laissa réunis pour le reste de la nuit, dans une vaste tente, qui fut dressée sur le tillac. Alors tout le monde se retira, et les deux jeunes Grecques obtinrent

de veiller près du hamac d'Eponine.

Le philosophe, avant de se livrer au sommeil, voulut embrasser sa fille : elle était émue ; ses
yeux égarés annonçaient le désordre de ses sens. Mon père, dit-
elle, connaissez - vous cet Eunuque que nous avons accueilli dans
son naufrage ? c'est le farouche
ennemi des lumières et de la
beauté ; c'est ce satellite impitoyable du sultan, qui vint m'arracher, il y a cinq ans, de vos
bras, pour me prostituer à un
maître insolent qui ne me con-
naissait pas : c'est.... Eponine

n'achève pas, dit le sage, j'ai besoin ici de toute ma raison : sau-
ve-moi du spectacle déchirant de
ta sensibilité.

Il sortit un moment et vit à la
porte de la chambre du capitaine
deux Turcs armés de cimeterres;
un peu plus loin il apperçut l'officier de quart étendu sur le pont,
un bâillon dans la bouche , entre
deux muets qui dirigeaient sur
son cœur la pointe de leurs poi-
gnards. Je vois, dit-il en lui-même , toute l'horreur de mon sort.
Il est tems de boire la ciguë de
Socrate; être des êtres, dans le
sein de qui je vais tomber, pour-

quoi me rendais-tu la vie si chère en faisant Eponine si digne de toi ?

L'infortuné rentra à l'instant auprès de sa fille, à demi évanouie entre les bras des deux Grecques, tourna sur elle un œil humide de pleurs, dont il avait tenté vainement de tarir la source, jetta sur son lit un manuscrit qu'il tenait renfermé dans son sein. et après l'avoir embrassée dans un silence de stupeur et de tendresse, reprit la route de son hamac.

Il n'avait pas fait trois pas, que deux hommes armés l'arrêtèrent et le conduisirent dans la tente qu'on avait dressée sur le tillac. —

Malheureux vieillard, dit l'eunuque du grand seigneur , prosterne - toi et baise les caractères sacrés de cet ordre impérial qui te dévoue à la mort. —

En même-tems il tira de son sein l'écrit fatal signé du sultan, qui enjoignait au perturbateur prétendu du Péloponèse de livrer sa tête docile aux muets chargés de la faire tomber. A ce signal les satellites de l'eunuque tirèrent leurs cimeterres et firent un cercle autour de leur victime,

Arrête, dit le philosophe à l'eunuque, en lui lançant un de ces regards où étincellent à la fois le feu du génie et celui du courroux; sache que, même entouré de tes muets, ta vie et la leur sont dans mes mains : si quelqu'un sort de cette enceinte, qu'il a lui-même tracée, je jette un cri terrible et ce cri appellera sur vous tous la vengeance et la mort.

Et ne crois pas, eunuque terrible, que je cherche à prolonger des jours flétris par la douleur, si le ciel en a fixé le terme; mais puisque ton souverain a porté ma sentence, sans connaître mon

délit, je ne veux pas que tu l'exé-
cutes sans m'entendre. C'est l'u-
nique faveur à laquelle j'aspire ;
et j'ai droit de l'attendre de l'ennemi que moi seul je viens de
sauver du naufrage : écoute ton
libérateur. Ensuite il ne tiendra
qu'à toi de le frapper.

Jamais le satellite des vengean-
ces du sultan n'avait entendu un
pareil langage ; mais il ne voyait
devant lui qu'un vieillard désarmé. Il y avait du danger à le livrer
au désespoir, et sa fierté descen-
dit à entendre sa défense.

Je n'ai point, dit le philosophe,
appellé le Péloponèse à la liberté,

mais à la défense de ma fille ; non
que je rougis de ramener aux
droits imprescriptibles de leur nature des hommes que la force
seule a mis sous le joug ; mais
depuis Rome conquérante, il n'y
a plus de Péloponèse ; le sang illus-
tre des Miltiade et des Phocion
s'est desséché dans sa source, et
ma voix ne rendrait pas libres
ceux que leur cœur fait esclaves.

Tu me parles de baiser à genoux l'arrêt d'un maître qui me
condamne à mort sans m'entren-
dre : mais qui t'a dit que ton sultan soit mon maître ? n'a-t-il pas
juré par l'évangile de Mahomet

de respecter mes propriétés? eh!
quelle propriété plus sacrée que
celle de l'honneur de ma fille,
auquel il a voulu attenter? Il a
donc rompu le pacte qui enchaîne
l'homme qui obéit à l'homme qui
commande, et il me remet, autant qu'il est en lui, dans l'état de
nature.

Et quand même il y aurait des
loix qui n'obligeraient pas leurs
interprètes; quand même vingt
millions d'hommes prosternés sous
la verge du despotisme n'auraient
d'existence légale que pour gémir et mourir, ne me suis-je pas
dérobé à l'atteinte de ces loix, en

secouant la poussière de cette terre ottomane qui dévore ses habitans? Mon exil est une mort aux yeux du souverain que je repousse ; suivant les premiers élémens du droit social, il doit me soustraire à sa justice, à plus forte raison à sa vengeance.

Eunuque, je t'ai dicté ton devoir : ma patrie actuelle est ce vaisseau : c'est une terre étrangère pour toi ; en m'immolant dans la Grèce tu n'aurais été que l'aveugle instrument d'un despote ; en m'égorgeant ici, tu blesses la morale des états, et tu es un assassin.

Vieillard proscrit par le ciel, répond froidement l'eunuque, j'ai juré ta mort : remplir mon serment est le premier dogme de ma morale ; cette nouvelle patrie que tu invoques, ne saurait ni te protéger ni me punir. L'ange exterminateur a désigné sa victime ; il est tems de la frapper.

A ce mot, un cri de fureur se fait entendre derrière la tente ; les trois Grecques s'élancent sur la scène de carnage, et pendant que les deux sultanes vont protéger le philosophe contre l'audace des muets, Eponine frappe l'eunuque d'un coup de poignard.

Sur

Sur ces entrefaites on sonne l'alarme dans le vaisseau : l'équipage est armé en un instant, on déchire la tente musulmane, et après une feible résistance, tous les brigands qu'on avait dérobés au naufrage sont chargés de fers.

Le péril éloigné, le commodore tombe aux pieds d'Fponine. — Non, dit-elle, bannissez à jamais de votre souvenir un trait de courage qui m'importune : j'ai puni mon ravisseur, j'ai sauvé mon père, j'ai vengé la morale des états; et malgré moi, ma vertu me laisse des remords. — C'est là où je t'attendais, dit le philo-

sophe : si tu t'étais énorgueillie
d'avoir sauvé mes jours par un assassinat , tu n'aurais été à mes
yeux qu'une héroïne vulgaire.——
Quoi , mon père , j'ai commis un
assassinat ? Ah ! laissez-moi me
cacher à la terre , à moi-même.
——Eponine , relève au contraire
ce front abbatu : si tu es crimi-
minelle , tu l'es à la manière des
Arrie , des Lucrèce , et le législateur qui voudrait te punir , serait
fier de te ressembler.

L'eunuque qui t'a doublement
outragée , a subi son supplice : les
satellites de ses fureurs sont dans
les fers : le calme que tu as rendu

à ce vaisseau, commence à être dans nos cœurs : maintenant écoute-moi.

L'homme, en entrant dans le monde social, a déposé sa force individuelle, afin d'être protégé par la force générale : il s'est donc interdit jusqu'au droit d'être l'instrument des loix contre l'infracteur qui les outrage.

Telle est dans les grandes ames la force de ces chaînes volontaires, que l'injustice même de la patrie n'autorise pas à les rompre : voilà pourquoi Socrate, opprimé plutôt que jugé par l'a-

B 2

réopage, refusa de sortir de sa prison.

Les rédacteurs du pacte social, en comprimant ainsi la force inviduelle, sont partis de la grande idée, que personne n'étant jugé en dernier ressort dans sa propre cause ne doit s'arroger le droit de prononcer la sentence et de l'exécuter.

L'eunuque a blessé la morale des états, en conjurant ma mort dans une terre étrangère, sans l'aveu du souverain qui y commande : mais toi-même Eponine, tu as attenté aux droits de ce souverain, en te vengeant sans son aveu.... O ma fille, ton cœur t'a inspiré un trait sublime, et ce cœur juste n'a pas été inaccessible au remord.

Sage vieillard, s'écria le commodore, ne profanons pas le trait héroïque d'Eponine, en l'assimilant avec les infractions vulgaires du pacte social ; sans sa coupable vertu, ce vaisseau, que vous regardez comme votre seconde patrie, aurait passé sous un joug étranger, et quelqu'atteinte que cette héroïne ait donné aux loix, le souverain, que je représente, doit la couronner plutôt que la punir.

B 5

Cependant le philosophe faisait voir sur son visage altéré que les grandes commotions n'étaient pas faites pour son ame paisible ; le feu de ses regards commençait à s'éteindre : ses genoux chancelans se dérobaient sous lui, et il fallut le porter sur son hamac, pour que les fatigues de cette nuit terrible pussent être réparées par ce sommeil du juste, qui n'est jamais interrompu par le remord.

Eponine, trop agitée encore pour que ses sens cédassent à un sommeil tranquille, resta dans la tente ottomane avec les jeunes Grecques, le commodore et l'é-

tat-major du Cosmopolite. Elle se
ressouvint alors qu'elle avait dans
son sein le manuscrit de son père
et elle le parcourut avec une cu-
riosité philosophique, pour en
lire à haute voix quelque fragment : ses recherches tombèrent
sur un morceau singulier, que le
philosophe avait annoncé et qui
avait pour titre : *De trois morales.*

« O mes amis, combien de-
puis environ dix à douze mille
ans que nous suivons l'homme
civilisé à la trace de l'histoire,
on a égaré le monde sur cette
grande base du pacte social qu'on
appelle la morale !

« Chaque législateur a tiré la sienne de l'idée d'un dieu fait à son image ; d'un dieu capricieux, pusillanime , persécuteur, et il en a corrompu les élémens, comme par l'intervention d'un culte antérieur aux loix , il avait déjà dégradé sa législation.

« Eh pourquoi appuyer la morale sur la religion, tandis que c'est la religion même qui doit être appuyée sur la morale ? Ai-je donc besoin de croire, pour être sensible ? Quand il s'agit de protéger la vieillesse d'un père , de procurer des jours sereins à une épouse, d'arracher un infortuné

au fer de ses assassins, dois-je attendre que le ciel fasse parler l'im-
placable Jehovah de Moïse ou de
Samuël, la nymphe de Numa,
l'ange de Mahomet ou la biche de
Sertorius?

« La morale est dans le cœur
de l'homme bien organisé ; c'est
là que le législateur doit la chercher et non dans les livres des
sophistes et dans les revélations.

« Voyons un moment ce que
ce cœur m'a dit quand je l'ai con-
sulté ; j'ai fait de ses oracles épars
une espèce de théorie qui, étrangère aux principes actuels des
gouvernemens, odieuse aux sec-

taires de tous les cultes religieux ;
trouvera peut-être grace auprès de
l'homme de bien.

« La morale, considérée dans
ses élémens, est l'art d'être bien
avec tous les êtres avec qui on a
des rapports.

« De ce trait de lumière dérive
la double base des devoirs de
l'homme individuel : car pour
conserver l'harmonie des êtres,
il faut qu'il soit bien avec soi-
même et avec la société qui le
protège.

« L'amour de soi a été donné
à l'homme par la nature, pour

qu'il veillât à la conservation de
son existence. C'est en le diri-
geant qu'il peut espérer d'être
bien avec lui-même : ainsi, c'est
l'amour de soi qui est le principe
de la moralité.

« Pour être bien avec soi-même, il faut conserver, autant qu'il
est en soi, l'énergie de ses sens,
éclairer son entendement, et ne
point contrarier la pente de son
cœur à la vertu.

« Dire que l'homme doit être
bien avec soi-même, c'est dire
qu'il doit l'être aussi avec l'ordon-
nateur des mondes, l'unique frein
des délits secrets, dans le sommeil

des remords : mais cette branche
de la moralité ne tient pas essentiellement au monde social. C'est
en vertu d'un contract tacite, entre le ciel et le cœur de l'homme,
que la religion existe : du moment
qu'il lui faut une autre sanction
que celle de la conscience, elle
n'est à mes yeux qu'un grand sa-
crilège.

« Il ne suffit pas à l'homme
moral d'être bien avec soi-même :
il faut qu'il le soit aussi avec la
société qui le protège, et c'est encore l'amour de soi qui lui indique impérieusement à cet égard
la chaîne de ses devoirs.

« L'homme

« L'homme s'aime dans le père qui lui a ouvert l'entrée du monde social, dans l'épouse que son cœur a choisie, dans les enfans qui perpétuent sa fragile existence : telle est la base de l'union sacrée des familles.

« Il s'aime dans ses concitoyens qui le défendent de leurs armes, de leurs mœurs et de leurs loix, et voilà la base du patriotisme.

« Il s'aime dans la grande famille des êtres intelligens, dont la concorde forme l'harmonie de notre globe, et voilà l'origine de cette bienveillance universelle qui fait du sage un cosmopolite.

Tome II. C

« De cette chaîne de principes résulte ce que j'appelle la morale de l'homme individuel.

« Les nations sont les individus de la société générale, et leur rapport comme souverains avec les hommes isolés qu'elles gouvernent, constitue la morale de l'état, qu'il faut bien se garder de confondre, quant au fait, ainsi que l'a fait le vulgaire des penseurs, avec la morale de l'homme individuel.

« L'homme individuel ne s'est point organisé ; sa conscience n'est pas l'ouvrage de ses mains : il peut donc exister en lui-même

MA RÉPUBLIQUE. 39

un principe de moralité antérieur à ses passions, et indépendant de ses caprices.

Mais quelle est la conscience d'un état ? Ou est ce cri intérieur qui lui annonce qu'il a enfreint le pacte social ? D'ordinaire il n'est averti de ses longues erreurs que par la révolution sanglante qui le dissout : c'est la foudre qui, en l'écrasant, l'éclaire.

« Si du moins au défaut du tact moral, qui leur manque, les grandes sociétés se dirigeaient par ces maximes éternelles du droit de la nature que rassemblèrent autrefois Socrate, Zénon et Marc-

C 2

Aurèle ! Mais contemplez l'univers civilisé. Quel monstrueux assemblage par-tout d'usages barbares, de loix incohérentes, de révélations absurdes ou féroces ! Aussi quel a été jusqu'ici le garant de la stabilité des trônes , sinon la faiblesse de ceux qui les environnent ?

« Cependant tous ces états ont une morale de laquelle dépend leur politique intérieure ; cette politique, qui d'ordinaire n'agit qu'en armant les passions des hommes les unes contre les autres , qui entoure le trône de ruines , afin d'empêcher qu'on ne l'approche pour découvrir sa nullité.

« C'est cette morale de l'état qui a amené sur presque toute la surface du globe l'épidémie des cultes exclusifs : c'est par elle que plus d'un despote, par la grace de dieu, dit sans cesse à des milliards d'esclaves : il n'existe dans le ciel d'être suprême que le tyran que j'ai fait : ainsi je romps le contrat tacite qui lie l'homme de bien avec le bienfaiteur des mondes : que la liberté de penser soit un crime d'état, et qu'il n'y ait autour de moi d'autre lumière que celle des buchers.

C 3

« C'est la morale des états qui a consacré ces manœuvres obscures et cruelles, appellées par les philosophes des cours, par les historiographes, *coups d'état; droit de bienséance; effets du malheur des tems*, et que je nomme, avec plus de vérité, des attentats des rois contre le genre humain.

« Cependant, quoique cette morale de l'état ne soit d'ordinaire qu'un grand blasphême contre la morale de la nature, le sage sans force et isolé, doit paraître s'y soumettre; enchaîné par le sol qu'il habite, aux loix

bonnes ou mauvaises qui le protègent, il ne peut sans un délit
social, briser l'autel qui l'avilit,
ou le trône qui l'outrage; il est
forcé, comme citoyen, de men-
tir sans cesse au ciel, au gouvernement et à lui-même.

« Mais il y a des limites qu'une
raison éclairée indique dans ce
cahos de contradictions nécessai-
res ; le civisme n'oblige pas toujours la conscience à se parjurer ;
toute passive qu'est l'obéissance
dans les gouvernemens absolus,
elle ne va pas jusqu'à faire un devoir au père de Virginie de la livrer à la brutalité d'un décemvir,

C 4

ni à un sénateur de Carthage de placer son fils dans les bras de la statue embrasée de Saturne : il y a des circonstances où un sujet doit désobéir à son souverain, où sa conscience doit parler plus haut que son patriotisme, où il doit faire céder la morale de l'état à celle de l'homme individuel.

« Une grande révolution s'est opérée depuis quelques siècles dans l'esprit humain : c'est celle qu'a fait naître la découverte de l'imprimerie : de ce moment les états , que les lumières ont pu atteindre , ont rapproché un peu plus leur morale de celle de

l'homme : le civisme s'est un peu
moins allié à l'imposture : et un
l'Hopital, un Montausier, un Fé-
nélon, ont pu s'éloigner quelquefois des idées reçues sans cesser
de paraître hommes de bien.

« Graces immortelles soient
rendues au philosophe qui, à
cette époque, s'est placé en sen-
tinelle à la porte des états, pour
éclairer du flambeau terrible·de
la vérité, toutes les institutions
qui calomniaient l'excellence de
notre nature : nations, qui n'a-
vez plus un culte aussi intolérant,
bénissez Montagne, Bayle et
Rousseau ; gouvernemens qu

commencez à ouvrir les yeux sur
l'impéritie de vos loix, élevez des
statues aux Sidney, aux Becca-
ria et aux Montesquieu : c'est au
génie de ces grands hommes que
vous devrez un jour de n'avoir
pas à rougir de votre morale.

« Le philosophe, depuis deux
siècles, est en Europe ce qu'était
dans Rome république, l'ancien
Caton ; le fouet de la censure à
la main, il distribue l'opprobre à
tous les ennemis des mœurs : il
les attaque assis sur le trône ou
courbés sur les autels : il commande la réforme des cultes et

des gouvernemens insensés ou il les frappe à mort.

« Elevé à cette hauteur d'idée, l'homme de lettres, en sa qualité de conservateur né de la morale de la nature, dût plus que tout autre citoyen, aspirer dans les états dégradés, à la gloire de la désobéissance : tant que son courage ne troubla point l'ordre public, tant que, borné à nourrir, dans la solitude, des têtes pensantes, il ne fit point couler un sang inutile, il acquit, en frappant sa patrie, des droits à l'immortalité.

« Grace à cette liberté de penser, que les despotes, par leurs persécutions, rendent encore plus contagieuse, le foyer deslumières s'aggrandit, la confédération tacite des gens de bien, pour rendre inutile la morale perverse des états, s'augmente ; les gouvernemens alarmés s'irritent, veulent frapper des citoyens qui s'indignent de leurs chaînes, et il y a insurrection.

« Mais, par combien de nuances le propagateur de la morale de la nature doit-il passer pour arriver du simple murmure jusqu'à l'insurrection ? Or, c'est la connaissance parfaite de ces nuances qui légitime la résistance à des loix perverses ; et jusqu'ici, quel est le code qui les a graduées? Où est le prisme philosophique qui en a indiqué l'échelle ? il n'existe point de législateurs , depuis la naissance des âges, qui ait eu le courage de consacrer l'opposition à la tyrannie des loix ; il n'en est même aucun qui ait soupçonné la possibilité qu'une pareille résistance fût légitime ; ils se comparent à cet égard aux instituteurs de Rome , qui ne croyaient pas à la possibilité des parricides.

« Il résulte de cette théorie, jusqu'ici parfaitement inconnue , de deux morales qui se combat-

tent sans cesse, que toutes les
législations, données à ce globe,
pèchent par l'organisation élé-
mentaire; qu'aucune n'a su poser les limites invariables du juste et de l'injuste; qu'en ordon-
nant l'obéissance passive, elles
ont avili le citoyen qu'elles pro-
tégeaient, et qu'en un mot, si
dans l'enfance de la raison on pût
diviniser ces colosses, dans un siècle plus fait pour les grandes choses, on doit les abbattre.

« Les états constitués, comme
nous les voyons, ne sauraient
être bien avec eux-mêmes, parce
que leurs principes, tels que ceux

du cahos d'Hésiode, sont dans une lutte perpétuelle avec ceux de l'homme individuel, qui vit dans leur sein : quand la morale de l'état domine, l'homme reste vil et dégradé ; quand c'est celle de l'homme, l'état se régénère ou est anéanti.

« Mais l'état, outre ses rapports naturels avec ses concitoyens, en a encore d'autres avec les états divers qui sont épars sur le globe : car il n'en est aucun qui ait la sagesse de se suffire à lui-même ; l'ambition, l'intérêt du commerce leur font franchir les distances : les mers qui devaient

naturellement les diviser, de-
viennent, par ces agens nouveaux,
l'intermède qui les réunit : or,
ces rapports d'état à état, cons-
tituent un nouvel ordre de devoirs, que la politique moderne
nomme droit de gens, mais qui
n'étant encore que l'art d'être
bien avec toutes les puissances de
la terre, doit s'appeller morale.

« Comme, depuis l'usage per-
fectionné de la boussole, tous les
peuples de nos continens sont en
correspondance, depuis le Groën-
land jusqu'aux îles qui avoisinent
la ceinture de glaces du pôle
antarctique, et de l'Islande au

Japon, il ne faut plus considérer notre monde social, que comme la sphère infinie de Paschal, dont le centre est par-tout et la circonférence nulle part : alors je désignerai les rapports moraux de cette grande famille des états, sous le nom de morale de l'univers.

« Il n'existe rien, sous l'empire du soleil, de plus imparfait et de plus incohérent, que cet assemblage informe de toutes les morales des états, d'où résulte la morale de l'univers : si la morale de l'homme est l'ouvrage du dieu de bien, celle de l'univers semble la production du dieu du mal :

ainsi l'ordre est dans les élémens,
et le désordre dans l'ensemble ;
cette considération est faite pour
rendre Manichéen tout ce qui
n'est pas philosophé.

« Je voudrais bien savoir quelle
idée présente à la raison une morale universelle, qui lie ensemble
les institutions de l'Athènes de
Périclès avec la tradition orale
des Cannibales : qui fait marcher
Lycurgue de pair avec le premier Cacique d'nne horde antro-
pophage ?

« Qu'on me montre dans ce
labyrinthe inextricable de mora-

les le fil qui unit à la belle con-
ception philosophique de Mar-
Aurèle sur l'harmonie des états,
l'acte du droit des gens de l'ancienne Carthage, qui consistait à
faire noyer les étrangers qui tra-
fiquaient vers les colonnes d'Her-
cule, le pacte social entre les Iro-
quois de manger leurs prisonniers,
l'effet de ce droit de bienséance
sanctionné par les papes, en vertu
duquel un amiral espagnol prenait
possession de tout pays inconnu
où il pouvait planter une croix et
arborer un drapeau.

« Ce défaut d'ensemble dans
les rouages de la grande machine

morale de l'univers, a fait déraisonner quelquefois des têtes pensantes ; elle a fait dire au sophiste Carnéade, que le juste et l'injuste n'existaient pas ; elle a fait penser à Lysandre le Spartiate que l'homme de génie devait amuser la multitude avec des sermens, comme on amuse les enfans avec des osselets.

« L'erreur a ensuite corrompu les héros, après avoir dépravé les sophistes ; de ce que l'harmonie entre les puissances ne semblait qu'une rêverie philosophique, Caton n'opinait dans le sénat de Rome que pour renverser Carthage ; Alexandre se croyait en droit de demander à Jupiter un monde nouveau pour avoir la gloire de le subjuguer.

« L'ignorance des vrais élémens de cette morale universelle, a dans un sens, produit tous les sophismes dangereux et tous les crimes de la politique.

« Si dans un siècle de lumières il était donné à un sage de planer au-dessus de toutes les législations pour en former une nouvelle, digne des regards du génie et de l'assentiment de la vertu, il faudrait qu'il s'occupât d'abord à tirer le monde moral de la nuit

du cahos où l'ignorance l'a précipité.

« Le premier pas dans cette
carrière immense et pénible, serait de reléguer dans la grammaire
du philosophisme , le mot de
droit politique , par lequel on désigne les rapports d'harmonie entre le souverain qui gouverne et la
multitude qui est gouvernée : ainsi
que le terme de *droit des gens*
consacré à donner une idée des
mêmes rapports entre les états.
Ces deux dénominations sont absurdes, en ce qu'elles caractéri-
sent mal les connaissances hu-
maines qu'on veut désigner : elles

sont criminelles, en ce qu'elles tendent à poser une barrière entre les devoirs des hommes réunis et les devoirs de l'homme individuel.

« Il n'existe qu'un art d'être bien avec tous les êtres que la société met en correspondance avec nons, et cet art est la morale.

« Le philosophisme, la théologie, ont perverti quelquefois le cri de la conscience; elle n'en est pas moins la base de la morale de l'homme.

« Les prêtres et les rois ont créé une politique arbitraire qui

appuie la tyrannie des trônes par
celle de l'autel ; la vraie morale
de l'état n'en est pas moins la
source d'où émane tout gouvernement.

« Le machiavélisme a imaginé
un droit des gens qui ne carac-
térise que l'égoisme du peuple
qui l'adopte : il n'en existe pas
moins, entre tous les droits des
grandes sociétés , un enchaîne-
ment philosophique d'où résulte
la morale de l'univers.

« Il viendra un tems, que j'ose
pressentir dans l'abîme des siècles, où la civilisation ayant atteint

teint son dernier période, ces
trois morales seront ramenées aux
mêmes élémens; où une seule loi
d'harmonie réglera tous les mouvemens du monde moral, où on
ne pourra être homme sans être
bien avec tous les hommes.

« Jusqu'au moment fortuné qui
réduira toute la politique à un
principe et tous les livres philoso-
phiques à quelques lignes, c'est
aux législations nouvelles à pré-
parer en silence la réunion des
morales factices de l'état et de
l'univers à la morale primitive de
l'homme individuel.

« Un état apprendra alors qu'il

Tome II. D

ne peut être bien avec lui-même,
qu'autant que sa souveraineté est
une, que toutes les forces particu-
lieres s'anéantissent devant la
force publique, qu'on ne recon-
naît comme utile que ce qui est
essentiellement juste , et que
jamais le sacrifice d'un indi-
vidu n'est nécessaire au salut de
tous.

« L'harmonie, entre les divers
états du globe, ne pourra sub-
sister, qu'autant que chacun se
circonscrira dans de sages limites ; que l'océan, librement par-
couru par tous les navigateurs ,
n'appartiendra qu'à lui-même, et

qu'on placera unanimement le droit de conquête au rang des crimes de lèze-humanité.

« Voyez comme de la réunion des trois morales dérive la solution d'un des problêmes qui a paru jusqu'ici le plus inexplicable aux philosophes.

« Le bien particulier, à dit l'école vertueuse de Zénon, est toujours renfermé dans le bien général : la mort de Socrate, le suicide du dernier Caton démentent par le fait cette sublime théorie. Mais qu'Athènes adopte la morale de Socrate et Rome celle de Caton,

D 2

alors l'un de ces héros ne boira pas la ciguë et l'autre n'aura pas besoin de déchirer ses entrailles.

« Jusqu'à ce qu'il n'y ait qu'une morale unique pour l'homme et pour les grandes sociétés d'hommes, la civilisation ne marchera à pas de géant qu'autant que les législateurs prescriront à la vertu sociale les plus grands sacrifices.

« La vertu sociale consiste à ne se regarder que comme un point dans la sphère immense de l'univers moral, à faire céder l'intérêt de ce point à celui d'une grande surface, et l'intérêt de cette grande surface à celui de toute la circonférence.

« De cette idée heureuse dé-rive pour un monde aussi mal coordonné que le nôtre, toute la chaîne de nos devoirs.

« Comme membre d'une so-ciété très-bornée, je maintien-drai au sein de ma famille l'har-monie qui, malgré nos fausses lé-gislations, constitue l'ame de l'u-nivers : je me sacrifierai pour un père et même pour les enfans que j'ai fait naître, jusqu'à ce que ceux-ci soient en âge de se sacri-fier pour moi.

D 3.

« Comme membre d'une so-
ciété plus étendue, je concourrai
à la gloire d'une patrie dont les
loix, toutes informes qu'elles
sont, me protègent : je vivrai
pour la défendre ; et je mourrai
avec ma famille toute entière s'il
le faut pour la sauver.

« Enfin, comme citoyen de
l'univers, j'embrasserai tous les
hommes dans ma bienveillance :
et si leur intérêt était essentiellement opposé à mon intérêt individuel, à celui de ma maison
et de mon gouvernement, j'im-
molerais, sans balancer, ma patrie, ma famille et moi-même à
la félicité du genre humain.

« Au reste, tous ces sacrifices sup-
posent encore une fois l'existence
d'une barrière mise par des législations perverses entre les trois
morales ; car à mesure que cette
barrière se renversera , la patrie
aura moins à exiger de ses ci-
tiloyens, et l'univers des patries :
et si jamais elle s'anéantit, Socrate
mourra dans son lit, Brutus ne
trouvera point de fils à immoler
et on n'aura pas besoin d'exterminer un peuple de Cannibales,
pour assurer le repos de l'u-
nivers.

« Cette théorie des trois morales, séparées de fait et réunies

de droit , quoique reléguée jusqu'ici dans l'entendement du
philosophe est la clef de toute
saine législation ».

DU DROIT
DE LA GUERRE.

A LA pointe du jour on tint un conseil de guerre sur le Cosmopolite; l'avis de l'état-major se trouva unanime. L'équipage de la frégate submergée avait évidemment conspiré contre ses libérateurs; il avait par une infraction manifeste du droit des gens, tenté non de punir, mais d'assassiner le philosophe : et ce crime, que l'ingratitude qui l'accompa-

gnait, rendait inexpiable, fût jugé
digne de mort : on condamna les
coupables à être fusillés et jet-
tés dans la mer.

Au moment où le commodore
allait signer la sentence, Eponine
qui pressentait l'évènement, entra dans la tente. Anglais, dit-
elle, vous avez ordonné la mort
des Musulmans, je le vois assez
au trouble que vos visages ne peu-
vent dissimuler : car le supplice
du coupable même en est un pour
l'homme sensible qui le prononce:
au nom de cette philosophie qui
vous est si chère, suspendez un
moment les effets de votre juste

ressentiment et daignez m'entendre.

Il s'est commis sur ce navire
un attentat dont personne ne sent
plus que moi l'horreur, puisqu'il
tendait à me priver d'un père ;
le scélérat qui ajoutait ce dernier
trait de férocité aux crimes et
aux opprobres de sa vie en a été
puni ; il n'est plus, et la loi toujours froide et calme au sein de
ses vengeauces, doit être satisfaite.

Quant aux satellites de l'eunuque qui sont dans vos fers, son-
gez qu'ils sont nés dans un état
absolu, où il n'existe d'autre

crime que celui de désobéir à un
maître : le premier serment qu'ils
ont fait renferme aux yeux de
ces êtres stupides toute la chaîne
de leurs devoirs ; leur morale
toute entière est dans la discipline.

D'ailleurs, tout vils que sont
ces instrumens du despotisme,
c'était quand ils avaient les armes à la main qu'il semblait permis de les exterminer. Maintenant qu'ils sont hors d'état de
nuire, on pourrait regarder leur
exécution comme l'effet d'une
froide barbarie, et ce n'est point
au plus généreux des peuples libres

bres à punir des bourreaux en se permettant de le devenir.

O vous, qui commandez sur ce navire, hommes magnanimes, vous m'avez pardonné d'avoir attenté à votre pouvoir souverain, en poignardant, sans votre aveu, le scélérat qui a fait les malheurs de ma vie : il ne me reste plus qu'un moyen de me le faire pardonner à moi-même, c'est d'obtenir de vous la vie de tous ces infortunés dont le vrai délit est d'avoir un culte et un gouvernement d'esclaves. Si ma prière vous paraît illégitime, reprenez cette couronne civique, dont

vous avez honoré mon faible courage ; je ne suis plus digne de la
porter. J'ai commis un assassinat que vous me défendez d'ex-
pier. —

Le conseil resta un moment
immobile d'étonnement et d'ad-
miration : le spectacle de tant de
raison et de vertu dans une beauté
de vingt ans, lui inspirait ce silence religieux que font naître les
magnificences de Palmyre dans
le plus inaccessible des déserts ;
le commodore, rendu le premier
à lui-même lut aisément dans les
yeux émus des officiers qu'il pouvait être leur interprète : jeune

héroïne, dit-il, je vous remercie de nous avoir éclairés, il est de votre destinée de sauver tour à tour les vainqueurs et les vaincus: je n'ajouterai rien à votre triomphe, vous êtes au-dessus de toutes les couronnes.

A peine Eponine était-elle sortie, que l'arrêt du conseil de guerre fût réformé. Il fut décidé que les prisonniers conserveraient la vie, mais qu'on les laisserait dans les fers, jusqu'à ce qu'on abordât à quelque terre où on pourrait les jetter. Le vaisseau cinglait alors à pleines voiles vers la partie du Pont-Exin qui bai-

E 2

gne le continent de l'Europe, et
les Turcs furent abandonnés, avec
des vivres, dans une des îles que
forme le Danube à son embou-
chure.

On s'apperçut alors dans le
Cosmopolite d'une voye d'eau assez considérable pour obliger à
doubler le travail des pompes:
c'était l'ouvrage des turcs qui,
ne doutant pas qu'on ne les eût
condamnés au supplice, voulaient
s'ensévelir dans la mer avec leurs
vainqueurs. Heureusement ce secret terrible, deviné par les deux
sultannes, ne fût confié qu'à
Eponine, dont la haute sagesse le

cacha avec soin à l'équipage. Le commodore fit mettre le navire à la bande, et pendant cette relâche forcée, le philosophe qui aimait avec passion l'histoire naturelle, curieux de vérifier le fameux voyage du comte Marsigli, s'embarqua avec sa fille sur une chaloupe pontée, pour remonter le Danube.

Maître, dit l'esclave français à l'amiral d'Alger, la chasse est ton élément : tu es robuste et moi aussi ; crois - moi, armons-nous chacun d'un fusil et faisons la guerre à un gibier plein de délicatesse qu'on trouve en tout

E 3

tems sur les rives du fleuve. Ici la nature est à nous : elle n'est point circonscrite par les plaisirs des rois et tu peux faire tomber un faisan sans exposer ta tête.

L'Algérien , prenant la main de son esclave : juge de mon estime pour toi , j'allais te le proposer.

Les quatre voyageurs partent à quelques heures de distance les uns des autres , tous habillés à la française , pour éviter les rencontres sinistres : car telle est l'estime dont jouit en Europe la première de ses monarchies , que lors même qu'on est en guerre avec la nation , on est en paix avec les individus. L'habit français peut annoncer la frivolité, mais comme le turban vert de la postérité de Mahomet, il sert de sauvegarde.

Eponine, disait le philosophe, quand il rencontrait un de ces sites pittoresques qui parlent si éloquemment à l'ame sensible de l'observateur, vois comme cette nature est belle ! comme ces groupes de rochers suspendus contrastent savamment avec l'émail des prairies sur lesquelles ils reposent ! Il me semble que je respire ici plus à mon aise, que je t'aime davantage que sur le vaisseau ; on

E 4

dirait que sous un ciel pur et qui
répand par-tout les principes de
la vie, l'ame est plus proche de
l'objet qu'on chérit : je ne crois
pas avoir été jamais si près de mon
Eponine. ⸺

, Oh oui, mon père, car nos
cœurs et nos intelligences sem-
blent se toucher par. tous les
points ; voici le premier instant
de félicité pure que depuis cinq
ans j'ose goûter. ⸺

Avoue, ma fille, que je ne
pourrais pas choisir un plus beau
climat pour y fonder ma république. ⸺

Après le Péloponèse, mon père. —

Il n'y a plus de Péloponèse, ma fille. Il me faut une contrée peuplée d'hommes francs, éclairés et généreux, pour y asseoir les bases d'une législation qui relève l'espèce humaine. On m'a dit, par exemple, que la France...

Oh oui! la France, mon père. — A peine ce mot plein d'expression était parti de la bouche d'Eponine, qu'elle aurait voulu l'arrêter : elle se tourna en ce moment d'un côté opposé, comme si un nouveau site attirait son attention, et

E 5

regarda, sans les voir, les superbes rivages du Danube. ——

J'ai une haute idée du peuple français , parce que , malgré douze cents ans d'un gouvernement oppresseur, il n'a point perdu le sentiment de sa dignité : il a eu un culte aussi intolérant que le nôtre , et n'est point devenu féroce; il a vu plusieurs sultans parmi ses rois , et n'est point resté avili. As - tu observé , Eponine , jusqu'à quelle hauteur de raison il est permis à sa noblesse de s'élever ?——

Eponine , comme absorbée par

des idées étrangères, ne répondit point à son père.

Ma fille, sais-tu que ce cheva-lier de Malthe m'étonne? Il joint à la vertu de Zenon, la tête de Socrate. Dans l'âge où on ne respire que dans l'élément du plaisir, il a deviné ma républi-que. —

Eponine garda encore un si-lence absolu.

Si cet esclave, ma fille, deve-nait libre. . . .

Si nous abordions, mon père, sur la rive gauche du fleuve! voyez du côté opposé ce feu rou-

E 6

lant de mousqueterie, ces flots de soldats qui poursuivent, le cimeterre en main, des hommes désarmés : autant que j'en puis juger, au travers de ces nuages de poussière, nous sommes peu éloignés d'un champ de bataille. ——

Le pilote de la chaloupe ajouta à la terreur d'Eponine, en lui apprenant qu'elle n'était qu'à dix lieues de Belgrade, et que, quoique le pays tout entier fût protégé par les troupes allemandes, les sorties heureuses des assiégés conduisaient quelquefois les vainqueurs et les vaincus jusqu'à cette distance de la place.

Peu à peu cependant le feu cessa, et le danger disparut. Eponine fut la première à inviter son père à descendre, avec un petit nombre de matelots, sur la rive où on venait de combattre, pour porter des secours à ceux des blessés qui respiraient encore ; ils allèrent à la trace du sang jusqu'à l'entrée d'une vaste forêt, qui dominait au loin toute la plaine, et là, ils trouvèrent un grouppe de soldats autrichiens étendus au pied d'un arbre, le flanc ouvert et la tête en lambeaux, qui, la rage dans le cœur, accusaient la providence de ce qu'ils ne pouvaient mourir.

abominable, de cette guerre où tu as déjà sacrifié quatre - vingt mille de tes sujets, pour ajouter quelques lignes à l'orgueil de ton épitaphe !

Cette imprécation fut suivie d'un long silence, avant - coureur de la mort. Déjà l'infortuné n'était plus, quand le philosophe voulut lui répondre : pendant que les matelots faisaient un brancard de branches d'arbres entrelassées, pour porter le second soldat à la chaloupe, il expira.

Quittons, dit Eponine, ce spectacle qui me déchire : mon père, la nature nous avait des-

tinés pour être des colombes ;
il ne tient donc qu'au caprice des
rois de faire de nous des vautours. ——

Nous sommes devenus vau-
tours , quand les rois l'ont été
eux-mêmes : quand, brisant le
pacte social et se faisant les dieux
du monde, ils ont créés leurs sujets à leur image. ——

Ainsi le retour au pacte social
ramènerait dans un état la société
des colombes ? ——

Je vais t'affliger , Eponine :
mais la paix universelle ne sera

long-tems qu'une des rêveries de l'homme de bien. ——

Quoi, le génie de la destruction étendrait son sceptre de fer jusques sur un peuple de philosophes ! ——

Écoute, ma fille. L'homme qui est en paix avec lui-même, est-il sûr de l'être avec les autres ? ——

Non, sans doute, s'il ne vit pas avec des sages. Je sens assez, et j'en rougis encore, qu'avec la morale la plus pure, il peut avoir une patrie à maudire et un eunuque à égorger. ——

Eh bien ! n'avons-nous pas vu
que les états étaient les individus
de la grande société de l'univers ?
Quelle que soit la sagesse d'un
peuple, il n'est pas à l'abri des
attentats de ceux qui l'environnent. La belle législation donnée
per Lycurgue à Sparte, n'a pas
empêché l'invasion des Perses : le
code pacifique de Pen n'a pas
prévenu les torrens de sang qui
viennent de couler à Philadel-
phie : il faut toujours, en cas d'attaque, que la colombe emprunte
des serres étrangères, pour n'être
pas la proie des vautours. ——

Je vous entends, mon père;

le fléau de la guerre ne saurait
disparaître de la surface de la
terre, que lorsque le même pacte
social régira tous les êtres intelligens qui l'habitent, et qu'il y
aura l'unité la plus parfaite entre
les trois morales de l'homme, de
l'état et de l'univers. ——

En attendant, l'état le mieux
organisé qui ne présente pas un
front menaçant à l'ennemi qui
veut l'envahir, ne peut rester
debout ; toute patrie qui n'a pas
du fer pour protéger son or et ses
loix, est anéantie. ——

Je respire : puisque la guerre
de défense est légitime ! j'ai donc

pu protéger contre l'eunuque
d'un despote, ma propriété la
plus chère! j'ai pu sans crime défendre de ses attentats ma vraie
existence, celle d'un père! —

Eponine, en disant ces mots,
pressait avec émotion la main du
vieillard, qui courbant sa tête vénérable, laissa tomber une larme
d'attendrissement sur le sein de
sa fille. Cette larme, versée et
recueillie par la nature, était encore pour le cœur neuf de l'héroïne, la première des jouissances.

Cependant la conversation du

philosophe l'avait conduit invo-
lontairement jusques dans le plus
épais du bois : la fatigue, le poids
de la chaleur l'ayant singulièrement altéré, il dirigea ses pas vers
une nappe d'eau, qu'il voyait
dans l'éloignement suivre la pente
insensible d'un rocher : il se flattait d'ailleurs, s'il étais égaré, de
retrouver sa route, en se diri-
geant par le cours du torrent qui
devait, selon toute apparence,
s'aller perdre dans le Danube.

Oui, ma fille, disait le vieillard
vertueux, en s'appuyant sur le
bras d'Eponine, il n'y a de légitime que la guerre de défense :

toutes les autres sont des outrages faits à la morale de la nature.

Quand deux puissances se combattent, si c'est dans un siècle de
lumière, il est hors de doute qu'il
y en a une de coupable ; si c'est
dans un âge de barbarie , il y a
apparence qu'elles le sont toutes
deux.

De toutes les parties de l'éco-
nomie générale des états, celle
qui semble jusqu'ici avoir été la
moins atteinte par les lumières ,
est ce terrible droit de la guerre,
qui sert de levier aux despotes
pour bouleverser le monde.

Les états sans pacte social ont
laissé usurper ce droit par leurs
kans, leurs caciques ou leurs mo-
narques; et cette erreur qui a
fait le tour des trois continens,
coûte peut-être la vie tous les
ans à un million d'hommes. Un
sophi de Perse craint d'être dé-
trôné dans son pays, et il va dé-
trôner ses voisins. Louis XIV ap-
prend qu'Amsterdam frappe contre lui une médaille, et il ordonne
à ses généraux d'aller noyer la
Hollande. Joseph II a plus d'or et
de soldats que le sultan, et ce titre lui suffit pour acheter, avec
le sang d'un million d'hommes,
le droit

le droit d'arborer le pavillon autrichien dans Sainte-Sophie.

Le danger d'abandonner le
droit de la guerre à un roi, en-
traînait chez les anciens des sui-
tes un peu moins fatales que parmi nous : comme on ne s'armait
alors que pour envahir, les expéditions étant des espèces de com-
bats à mort, où le monarque
vaincu perdait d'ordinaire la vie
ou du moins la couronne, l'intérêt particulier des trônes empê-
chait souvent le désastre des états;
mais aujourd'ui qu'un nouveau
droit des gens a fondé ce qu'on
appelle l'équilibre de l'Europe ;

Tome II. E

que les cabinets diplomatiques
détruisent tout ce qui a été fait
par les plus habiles généraux, et
que la paix arrache à un héros
toutes ses conquêtes ; il en résulte qu'un roi défait, étant aussi
stable qu'un roi victorieux, les
guerres se décident avec la plus
effrayante légèreté : la vanité
d'un ministre blessée, le salut re-
fusé à un pavillon, une intrigue
de cour, ourdie par une favorite,
suffisent pour faire signer un manifeste, qui dévoue à la mort
cent mille hommes.

Il est donc de la plus haute im-
portance de bien convaincre le

genre humain que le droit de
guerre est l'attribut le plus es-
sentiel de la souveraineté, et que
les nations n'ont jamais pu le dé-
léguer à un homme, parce que
cet homme se trouverait juge entre l'état oppresseur et l'état opprimé.

Je dirai plus : les nations même
toutes souveraines qu'elles sont,
n'ont aucun droit à la guerre of-
fensive : envain des ministres rhé-
teurs publient-ils d'ingénieux ma-
nifestes, en vain fait-on bénir des
drapeaux aux prêtres-sacrilèges
du dieu des batailles, une guerre
entreprise pour envahir, est un

défi odieux que la force fait à la faiblesse ; telle n'est point la politique d'un peuple de sages ; ses guerriers présentent moins à l'ennemi le glaive que le bouclier : ils s'honorent davantage d'être membres pacifiques du souverain, que soldats d'un Charles XII , et contens de protéger le sol qui les vit naître , ils combattent, triomphent ou meurent sur leurs foyers.

J'abuse peu-être , ma chère Eponine de l'idée de ne voir en toi qu'un homme d'état; ces longs détails doivent peser à ta belle imagination qui approfondit tout,

en paraissant tout effleurer : mais
j'ai dû m'y arrêter, pour te montrer que les principes primitifs
sur le droit de la guerre, sont
une des bases de ma grande théorie ; sans eux, ainsi que sans pacte
social et sans les trois morales, il
n'y a point de république.

Le philosophe, en discourant
ainsi, était arrivé à la nappe
d'eau, dont la perspective riante
avait d'abord frappé ses regards :
il s'incline sur le bassin, étanche
sa soif ardente et cherche ensuite
un asyle contre le poids de la chaleur et du jour.

F 3

La rive du torrent offrait, à quelques pas, une anse ombragée par les arbres les plus majestueux, de la forêt. Le vieillard et sa fille allaient y descendre quand ils entendirent à une portée de fusil, le cliquetis de plusieurs épées qui se croisaient en tout sens. L'action ne fût pas longue. Deux des combattans tombèrent en poussant un cri de mort et les vainqueurs à l'instant disparurent.

Un combat au milieu de cette forêt, qui était devenue un champ de carnage, n'offrait aucun sujet d'étonnement; mais le

philosophe ainsi que sa fille, cru-
rent entendre distinctement prononcer dans la melée le nom
d'Eponine ; or, comment un nom
qui devait être inconnu hors du
vaisseau du commodore, pou-
vait-il occuper des esprits à dix
lieues de Belgrade ?

Ce mot d'Eponine fût même
prononcé d'un ton si touchant,
que l'héroïne, long-tems après le
combat, l'entendait encore ré-
sonner au fond de son cœur. Cependant ce ne fût point elle qui
proposa d'aller à la source du pro-
dige : le vieillard, qui semblait le
moins intéressé à l'éclaircir ima-

gina seul d'aller avec elle sur le champ de bataille.

Les deux combattans qui avaient succombé, ne vivaient plus : ils furent reconnus aisément pour des turcs ; mais ils n'étaient point vêtus en soldats , et d'ailleurs rien n'indiquait ce qui pouvait avoir fait prononcer , soit à eux , soit à leurs vainqueurs, le nom d'Eponine.

Eponine revint vers la nappe d'eau , toute absorbée dans des réflexions qui assiégeaient son esprit avec d'autant plus d'importunité , qu'elle faisait plus d'efforts pour les bannir. Pour le philosophe, dès qu'il fut arrivé à l'anse du torrent, il s'assit, reposant sa tête vénérable sur une touffe de fleurs naturelles, nées à l'ombre des chênes antiques dont tout ce terrein était ombragé.

Nos voyageurs n'étaient pas au terme de la carrière d'évènemens qu'ils avaient à parcourir. Pendant que la jeune Grecque, d'une main que la tendresse rendait ingénieuse, disposait avec art le lit de verdure où son père se flattait de goûter un instant de sommeil, un bruit de chevaux se faisait entendre à quelque distance du torrent : peu à peu on distin-

gua les voix des hommes qui les
montaient. Quelle guerre, disait
l'un! Nous avons déjà perdu qua-
tre-vingt mille hommes, et nous
ne sommes pas encore dans Belgrade. ——Malheur, disait l'autre,
à cette race infernale de Sésos-
tris et de Charles XII, qui dévas-
tent la terre pour y asseoir leur
renommée! Puissent-ils s'abreu-
ver un jour des larmes qu'ils font
verser, et du sang qu'ils font ré-
pandre! —— Mes amis, ajoutait
un dernier, on dit que ce fol
couronné était au milieu de la
ligne qui vient d'être battue ; si
la providence se justifiait enfin!
Si du sein de cette artillerie

meurtrière de Belgrade.... Le vent emporta le reste de ses blasphêmes.

Quelque tems après un bataillon entier de Croates passa en désordre, de l'autre côté du torrent, comme s'il voulait gagner la rive du Danube. Un officier conjurait en vain les soldats fugitifs de rentrer dans le devoir. Malheureux ! où courez-vous?——Où le tyran ne sera pas.——Quel nom affreux donnez-vous à celui qui a abrogé la peine de mort ? —— En nous mutilant, pour le maintien de sa farouche discipline il nous la fait desirer. —— Et vos sermens ?

— Sa cruauté nous en dégage!
— Mais l'honneur! — En est-il
pour nous dans un état où tout
ce qui n'est pas noble est esclave? —

Quand le bataillon eût défilé
tout entier, le vieillard, reposé
de ses fatigues, proposa à Éponine de quitter leur asyle et de
reprendre la route du Danube. A
peine eurent-ils fait un demi-
mille, en suivant les sinuosités du
torrent, que des cris de douleur,
à demi étouffés vinrent r'ouvrir
leur ame à la terreur. Cependant
la sensibilité l'emporte et ils ap-
prochent. Les cris partaient d'un
soldat

soldat autrichien, dont les mains écartées avec violence, étaient clouées sur le tronc d'un chêne : son visage flétri, ses yeux éteints, sa tête affaissée sur sa poitrine, annonçaient qu'il allait succomber à la longueur de son supplice. Eponine, avant d'interroger l'infortuné, s'élance sur les clous funestes, tente d'introduire ses doigts délicats entre le fer et la blessure, et quoique l'humanité sainte mette ses forces au niveau de son courage, ne peut venir à bout d'ébranler ces nouveaux instrumens de torture. Le philosophe plus calme, et par là plus fait pour trouver des expédiens heureux, cherche autour de lui, voit un coin abandonné, qui servait à fendre les arbres de la forêt, l'introduit vers la naissance du clou et d'un coup vigoureux, frappé avec une pierre, fait tomber sa tête. Le soldat dégagé, ouvre un œil mourant, et tombe sans connaissance aux genoux d'Éponine.

Quand l'infortuné commençait à reprendre ses sens, la jeune Grecque témoigna quelque désir de connaître son aventure. — O divinité tutélaire ! dit le soldat d'une voix éteinte, vous voyez

en moi une des victimes de l'art
de la guerre. — Quoi ! les Turcs
traitent un ennemi sans armes
avec cette férocité ? — Les Turcs
nous égorgent et ne nous cruci-
fient pas. — C'est donc un brigand qui a imaginé votre supplice ? — Oui , et un brigand
couronné. Né dans cette forêt et
chargé par mes officiers d'en in-
diquer les routes , je dévançais de
quelques pas l'avant garde d'une
division de l'armée impériale. Une
marche pénible m'avait exténué
de fatigue , je demandai à un bu-
cheron qui passait , un vase de je
ne sais quel breuvage , qu'il tenait

à la main, pour étancher ma soif
brûlaute, il me le refusa avec une
ironie pleine d'amertume ; je le
lui arrachai : en ce moment l'empereur passait, et sur la plainte
qu'on lui porta, il me fit clouer
à cet arbre pour vingt - quatre
heures : il croyait sans doute par
cet acte de barbarie faire respecter sa sanglante discipline, et le
même jours cent de ses soldats
désertèrent.

Il n'avait pas achevé, qu'environ trente chasseurs de son régiment parurent; mes amis, dit-il
en se soulevant un peu sur ses
mains ensanglantées, vous veniez

malgré mon arrêt, abréger mes
tourmens ; ces nobles étrangers
vous ont prévenus : leurs soins
généreux vous dérobent au danger que vous courriez à désobéir. —

J'espère, dit un des chasseurs,
que notre impitoyable souverain
ne nous punira plus d'être sensi-
bles. — Serais-je vengé par ses
malheurs ou par ses remords ? —
Il a été battu par les Turcs de
Belgrade et poursuivi jusqu'au
sein de cette forêt : égaré dans ses
routes tortueuses, sans suite,
sans cheval, prêt d'expirer de fatigue, il nous a rencontré à quel-

G 3

ques milles d'ici, et nous a ordonné, avec cette hauteur du
despotisme qu'aucun revers n'hu-
milie, de le conduire dans son
camp, au péril de notre vie. —
Eh bien ! dit le philosophe, en
jettant un cri d'effroi ? —Vieillard, ne nous interroge pas. —

Eponine, au cri du sage, péné-
tra jusqu'au fond de sa pensée, et
le prenant par la main, avec un
courage qui étincellait dans ses
regards, mon père, dit-elle, voici
la route.

Le philosophe, avant de quitter
cette scène terrible, s'approcha en
secret du soldat dont il avait été

le libérateur , et voulut lui donner quelques pièces d'or ; — à
moi, bon veillard ! je suis pau-
vre , mais mon ame n'est pas vile !
je n'accepte rien de qui m'a rendu
la vie : je ne veux pas que vous
ayez à rougir de vos bienfaits. —

Le père d'Eponine se retira en
silence , et prit la route à demi
frayée que venaient de quitter les
chasseurs : ma fille , dit-il , quand
il ne fût plus à portée d'être entendu , ce soldat s'estime lui-
même : il est incapable de s'être
avili , et son souverain l'a mé-
connu. —

Mon père , vous m'aviez dit

G 4

que ce Joseph était philosophe. ——

Je l'ai cru avec l'Europe entière. Il a mis la cognée à l'arbre
des préjugés ; il a tenté de placer
la religion dans l'état et de soumettre les tyrans du peuple à
l'empire de la loi. Ce ne sont pas
là des services vulgaires rendus au
genre humain. Cependant son
despotisme dans le Brabant, cette
guerre injuste contre le maître de
Belgrade, cette férocité dans le
maintien de la discipline... O ma
fille ! que ces rois sont des êtres
incompréhensibles ! On est tenté
tantôt d'adopter le cri de la satyre

qui les met dans la classe des ti-
gres, tantôt la voix de l'adulation
qui les met au rang des dieux. —

Votre voix s'éteint, mon père, elle se perd en précipitant
ainsi vos pas. —

Les momens nous sont chers,
ma chère Eponine : hâtons-nous
de faire le bien; il reste si peu de
tems à la vieillesse pour faire honorer la vertu ! —

Après une heure de marche,
le philosophe commença à perdre haleine, ses genoux chance-
laient, il fût contraint de s'appuyer contre un chêne de mille

G 5

ans, qui couvrait un arpent entier de son ombrage. Un inconnu
d'une taille distinguée, mais en-
veloppé d'un manteau sans apparence, se tenait debout de l'autre côté de l'arbre, portant à sa
main le tronçon d'une épée. Au
premier bruit qu'il entend, il
s'approche, et de ce ton léger
qui annonce l'habitude du com-
mandement, mon ami, dit-il, à
qui appartiens-tu? Où vas-tu?
Veux-tu m'obliger et mettre un
prix à tes services? ——

Il est difficile de satisfaire à tant
de questions à la fois. Je n'ap-
partiens qu'à moi-même : j'allais

servir un être qui m'est inconuu ; je ne sais point faire acheter le peu de bien que je fais, même au prix de la reconnaissance. ——

Voilà bien de la fierté dans un rang qui ne me semble rien moins qu'élevé. ——

Et à qui appartient la fierté, sinon à l'obscurité vertueuse ? Un prince fier me paraît absurde, parce qu'on lui accorde tout ; mais le juste dans la poussière, a le droit de s'énorgueillir, parce qu'on lui refuse tout : il faut bien, quand l'inégalité règne parmi les hommes, que la fierté relève ce que le préjugé tient abaissé. C'est

l'unique moyen de rétablir l'é-
quilibre dans le monde social. ——

L'inconnu, étonné de trouver
un philosophe dans une forêt de
l'empire ottoman, se recueillit
quelques minutes; ensuite il chercha à réparer le tort qu'il s'était
fait dans l'esprit du vieillard, en
adressant à Eponine un de ces
éloges insignifians, dont l'homme superbe croit honorer les graces ou la beauté. —— Réservez
pour d'autres objets, dit la Grecque, un encens dont, si j'étais
connue de vous, je serais à peine
flattée. Voilà mon père; c'est de
lui que je tiens, que tout homme

qui saura m'estimer ne m'adulera
jamais.

L'étranger tombait de surprise
en surprise. Il lui paraissait à peine
vraisemblable d'avoir rencontré
une femme dont la vertu lui fit
baisser les yeux, et un vieillard
qui, par sa hardiesse même, se
fit respecter.

Écoute, vieillard, dit-il, mon
cœur a besoin de s'épancher :
fais-moi connaître en toi l'homme
juste qui va être honoré de ma
confiance. —

J'ai respecté votre secret. —

Quoi ! si un homme puissant

dans une des premières cours de l'Europe, mettait sa destinée dans tes mains.....

Fût-ce l'empereur lui-même, je le servirais, mais je lui resterais inconnu. Mon secret n'est pas à moi : il est à ma fille et à l'époux que son cœur daignera choisir. —

Tu servirais, dis-tu, l'empereur : tu l'estimes sans doute ? —

Je ne le connais point. Sa philosophie l'ennoblit, ses guerres l'avilissent : je n'ose prononcer entre lui et sa renommée. —

Eh bien ! je ne veux pas qu'il te

reste le moindre nuage sur un prince qui voulut relever l'espèce humaine. La politique s'est épuisée jusqu'ici en vaines conjectures sur le germe de la guerre qui a amené le siège de Belgrade ; on a dit que l'empereur ne voulait qu'accumuler des couronnes sur sa tête ; mais il est trop ami des lumières pour descendre à cette ambition vulgaire : je sais que son unique objet fût d'adoucir par des loix les mœurs des Ottomans, d'épurer le culte de Mahomet et de rendre la liberté au Péloponèse. ——

Voilà des idées grandes sans

doute ; mais sont-elles justes ? Or, y
a-t-il pour les rois d'autre grandeur que la suprême équité ? Sans
doute le code d'un élève de Socrate rendrait Constantinople
plus heureuse que le caprice d'un
cadi ou le despotisme d'nn visir :
le culte de la nature est plus fait
pour l'homme social , que les rêveries sanglantes de Mahomet :
le sang dégradé de la postérité des
Philopémen et des Miltiade se
régénèrerait par la liberté du Péloponèse ; mais qui a constitué un
prince de la maison d'Autriche
le réformateur des cultes et des
loix de la terre ? En vertu de quel
droit allume-t-il une guerre dé-

sastreuse, assassine-t-il les pères pour rendre heureux les enfans? Quel est ce service destiné au genre-humain, qu'on ne peut rendre qu'à l'aide de cent mille bayonnettes? —

Ainsi le vainqueur des Ottomans et des papes n'aurait point ton suffrage? —

Je le plains : je pourrais l'éclairer et je voudrais le servir. —

Ce trait de lumière me suffit : je rougirais d'éprouver plus longtems ton ame fière, mais généreuse : tu vois en moi l'empereur. —

Je le savais. ——

Quoi, tu me connaissais, et tu n'as pas craint d'humilier mon orgueil ? ——

Au milieu de la pompe de votre cour, je vous aurais dit des vérités bien plus cruelles : mais seul, dévoré de chagrins, malheureux peut-être, j'ai dû vous ménager. ——

Eh bien, tu as lu dans ce cœur déchiré ! Rien ne me réussit dans cette guerre fatale : les moindres forteresses me résistent, mes généraux me craignent et mes troupes se laissent battre par l'enne-

mi qu'elles assiègent. Te dirai-je
un fait bien plus propre encore à
remplir à jamais ma vie d'amertu-
tume? Errant depuis la pointe du
jour, au sein de cette forêt, prêt
à périr de fatigue ou à être pris
par les Turcs de Belgrade, j'ai
rencontré des bataillons entiers
de mes soldats fugitifs, et ils
n'ont pas voulu me servir d'es-
corte pour rentrer dans mon
camp. Les barbares ont fui mon
approche : ils semblaient secouer
la poussière de cette terre que je
foulais avec eux ; qu'auraient-ils
fait de plus, si j'avais ordonné
une saint-Barthelemy, ou si mon
règne, comme ceux de Néron et

d'Aurengzeb , avait été souillé
par des parricides? ____

Je connaissais cet attentat de
vos soldats, et nous étions ve-
nus , ma fille et moi , en prévenir
les effets. Mais enfin , s'il m'était
permis d'interpeller votre fran-
chise et de descendre avec vous
dans votre cœur , je trouverais
peut-être dans la rigueur de votre discipline guerrière le germe
de cet horrible abandon , je ne dis
pas son excuse. ____

Il est vrai que pour faire de
grandes choses, j'ai adopté dans
mon camp la discipline romaine :
j'y punirais de mort une victoire

remportée sans mes ordres. In-
dulgent comme Titus, dans Vien-
ne, je ne suis dans Belgrade que
le sévère Manlius. ——

Fort bien : mais les citoyens-
rois de Rome république, avaient
une patrie, et les sujets fidèles
des monarchies de l'Europe n'en
ont point : ce que l'enthousiasme de la liberté pouvait faire regarder autrefois comme une rigueur vertueuse, pourrait bien,
parmi des esclaves soudoyés, être
regardé aujourd'hui comme un
trait de férocité. ——

J'ai peut-être eu tort de croire
que mes Allemands deviendraient

les Germains de Tacite : ainsi je regrette, je l'avoue, quelques ordres d'une rigueur inutile, que des hommes de sang, qui m'entouraient, ont arraché à mon inexpérience : il en est un surtout dont je rougirai long-tems, parce que, tout atroce qu'il était, rendu à ma sensibilité naturelle, j'eus la faiblesse de ne pas le révoquer. Un soldat qui guidait l'avant-garde d'une division de mon armée au travers de cette forêt, arracha.....

Prince, n'achevez pas; votre remord a tout expié. Venez avec confiance : j'ai laissé à quelques

milles d'ici un guide aussi cou-
rageux que fidèle, qui vous ramè-
nera dans votre camp : je pense
que vous ne doutez pas de ma
foi ; au reste, ma fille et moi nous
serons vos otages. ——

Joseph, avec la sérénité d'un
héros qui se met sous la sauve-
garde d'un autre, entra dans le
sentier que lui indiquait le philosophe ; dans la route il s'apperçut
que son guide avait substitué sa
propre épée au tronçon de la
sienne, il lui en demanda le mo-
tif : nous sommes vos ôtages, dit
le vieillard en souriant, mon
épée, que je vous remets, vous

donne sur nous droit de vie et de mort.

Cependant Eponine, sûre d'ê-
tre respectée, n'oubliait rien pour
charmer à l'empereur les ennuis
de sa route : jamais les graces de
son esprit n'avaient paru plus
piquantes : c'était Aspasie, vierge
encore, qui donnait des leçons
sur l'art de régner à Périclès. Le
prince était enchanté, il tournait
tour à tour à tour des regards
d'attendrissement sur le père
et sur la fille : vivre obscur,
dans la société de la raison et
des graces, lui paraissait le bonheur suprême, et, pour la première

mière fois de sa vie, il regretta
d'être roi.

Après une heure de marche, on
arriva au lieu déterminé dans la
pensée du philosophe. Le premier
objet que Joseph apperçoit est le
soldat qu'il avait outragé, libre au
pied de l'arbre qui avait été le
théatre de son supplice : celui-ci,
à la vue de son souverain, jette
un cri d'effroi et, de ses mains
ensanglantées, tâche de couvrir
son visage. L'empereur s'approche de lui, avec cette douceur,
empreinte de majesté, qui sied si
bien aux maîtres du monde : brave
homme, lui dit-il, j'ai été injuste

Tome II.   H

envers toi et je viens réparer mes torts. Je te fais officier dans le régiment où tu sers, et si tu penses jamais aux clous qui t'ont flétri, voici une épée qui, en t'ennoblissant, mettra quelque baume sur tes blessures.

Ensuite, se tournant du côté du philosophe : mon ôtage permet sans doute que je dispose de son épée : Je n'en aurais eu besoin que pour le défendre lui-même ; il en recevra une autre de ma main dans mon camp de Belgrade.

Déjà le soldat s'était précipité aux genoux de son maître, et les embrassait ; mes blessures, dit-il ; ne tarderont pas à disparaître : mais ce qui ne disparaîtra jamais de mon cœur, c'est l'empreinte profonde qu'y laisse la grandeur d'ame de mon souverain : j'accepte cette épée, parce que tout me dit que je l'honorerai, ou par mes services ou par ma mort.

Le prince le relève : il était ému : en se retournant il voit le philosophe et sa fille à ses pieds.— Nous retrouvons l'empereur, dit le sage, et nous lui rendons l'hommage qui est dû au premier souverain de l'Europe.

Le vieillard n'avait pas encore

H 2

achevé, que Joseph, les larmes
aux yeux, courut l'embrasser. Il
aurait bien voulu rendre le même
hommage à Eponine : ses regards
annonçaient que son cœur volait
au-devant d'elle ; mais la décence
sévère de l'héroïne lui présen-
tait une barrière qu'il n'osait franchir. Le philosophe, qui vit son
embarras, jetta lui-même sa fille
dans ses bras. Eponine, lui dit-il,
nous n'avons rien aujourd'hui à
refuser à Marc - Aurèle : il nous
honore tous trois, en regardant
un si chaste embrassement comme
le prix de sa vertu.

Le soldat s'était dérobé à cette

scène touchante pour aller chercher des chevaux dans une fer-
me, placée à quelques milles du
Danube : il fit passer l'auguste
caravane par des chemins connus
de lui seul, afin de ne point tomber dans les partis ennemis qui
s'étaient cantonnés dans la forêt ,
et avant minuit ils arrivèrent tous
au camp de Belgrade.

ORIGINE

DE LA RÉVOLUTION FRANÇAISE.

Tout était en alarmes ou feignait de l'être quand l'empereur parut. Ce prince, exténué de fatigue, succombant à la faim qui le dévorait, déclara, en entrant dans sa tente, qu'il voulait souper publiquement avec ses généraux. Eponine, confuse des regards que la cour lui adressait, se tenait modestement derrière lui, mais le prince alla lui-même prendre deux sièges nouveaux, et se plaça à table entre elle et le philosophe.

Tout le monde s'épuisait, mais à voix basse, en conjectures sur ces étrangers : ceux qui ne jugeaient des hommes que par l'étiquette de la chancellerie allemande, en voyant le vieillard, dont on vantait la vertu, assis à table, à côté du premier souverain de l'Europe, ne doutaient nullement que toute cette vertu ne fût dans ses parchemins. De jeunes officiers qui, parce qu'ils étaient plus vils, se croyaient plus clairvoyans, mettaient toute la

noblesse du père dans les charmes
d'Eponine. A la fin, le général
Laudhon, plus familier avec son
maître, se hazarda de lui demander quels étaient les dignes objets auxquels il adressait tant
d'hommages. Je l'ignore, répondit le prince; ce que vous me de-
mandez n'est pas en mon pouvoir; il m'est plus aisé de détrô-
ner un sultan, que d'arracher
un secret à mon bienfaiteur.
— Ce mot acheva de dérouter
toutes les conjectures : alors les
courtisans se consolèrent de né
point deviner les étrangers,
en les accablant de leurs regards.

Bientôt l'entretien roula tout entier sur l'étonnante révolution qui venait de s'opérer en France, sur la secousse que l'état, en se régénérant, avait donnée au trône, sur la première des constitutions qui s'y élevait lentement du sein de la plus horrible anarchie. Il est vrai que, comme c'étaient des altesses qui parlaient, tous ces évènemens mémorables n'étaient présentées que sous la face la plus désavantageuse : d'ailleurs, disait-on, le peuple le plus frivole de l'Europe ne saurait élever un monument durable en législation ; il se lassera bientôt de la gloire pénible des Spartiates ; ce sont des

spectacles qu'il lui faut et non des
gymnases ; au point de dégrada-
tion où le luxe a mis sa capitale,
il ne faut pas s'attendre que des
Brutus s'élèvent du sein de sa noblesse, il n'aura que des héros
populaires, des Rienzi et des Ma-
zanielle.

Eponine et le philosophe ju-
gèrent à l'instant que les titres et
les cordons de la plupart de ces
petits despotes, ne cachaient que
des ames d'esclaves, et ils gardè-
rent, sur la régénération française, le silence le plus absolu.
L'empereur, de son côté, fut
très-circonspect ; mais après le re-

pas, lorsque toute sa cour fut re-
tirée, sage vieillard, dit-il, mon
ame est oppressée de toutes ces
scènes de Paris et de Versailles;
j'aime ma sœur et encore plus le
bonheur du genre humain; tous
les cabinets de l'Europe ont les
yeux fixés sur moi, et tout ce qui
m'environne me laisse dans la
plus cruelle des incertitudes : j'ai
recours à ta haute prudence : je
ne suis pas tout à fait Denis de
Syracuse, mais j'ai besoin des lumières de Platon : que dois-je
faire, en cette circonstance, comme chef du corps germanique,
comme frère de la reine de France et sur-tout comme philosophe?

Pour donner à tes conseils toute leur maturité, je te confie ces papiers qui renferment le détail le plus fidèle des évènemens: lis-les avec attention, pèse tout dans ta haute sagesse, et demain, quand tes sens seront reposés par le sommeil, je te communiquerai mes doutes et je m'éclairerai de tes résultats.

Le philosophe, retiré avec Eponine dans une tente particulière qu'on lui avait fait dresser, n'eût rien de plus pressé que de lire les écrits que Joseph venait de lui remettre. Il y en avait un, rédigé en général avec une noble simplicité;

plicité, et quoiqu'il ne renfermât
que des faits ou des vues qui nais-
saient de ces faits, on voyait que
l'auteur était au-dessus des évènemens dont il traçait la chaîne ;
un de ses mérites sur-tout était
de faire pressentir que si un despote pouvait le lire, il n'y avait
qu'un homme libre qui avait pu
le faire.

Le sage dormit peu : les grandes choses qu'on médite, ainsi
que les grands crimes qu'on va
commettre, tiennent éveillé ;
tant il y a d'analogie entre les
secousses de l'ame et le désordre
des sens ! Dès qu'il crut que les

Tome II. I

forces d'Eponine étaient réparées, il l'appella auprès de lui,
et lui lut un fragment du seul ouvrage qui eût parlé à sa pensée.

« La France ne se soutenait
« plus que par son ancienne re-
« nommée ; les usages, qui lui te-
« naient lieu de loix, perdaient
« toute leur influence, son trésor
« public était épuisé, son crédit
« anéanti : il ne lui restait d'au-
« tre moyen de se régénérer que
« l'insurrection ou la conquête ;
« elle choisit l'insurrection.

« Il n'entrait pas sans doute
« dans les idées de tout ce qui en-

« tourait le trône, que le peuple
« fût l'agent d'une révolution,
« dont il devait recueillir le fruit ;
« mais le ministère était faible :
« au lieu de maîtriser les évène-
« mens il s'en laissa maîtriser. Le
« monarque se perdit par les me-
« sures mêmes qu'on avait prises
« pour lui rendre sa dignité.

« La raison, au commence-
« ment du règne de Louis XVI,
« avait singulièrement étendu ses
« progrès : il n'y avait plus que les
« parlemens qui gênassent la li-
« berté de la presse : Turgot, Nec-
« ker et Malesherbes écrivaient
« en républicains, au sein même

I 2

« du ministère. Il fallait que tôt
« ou tard le despotisme écrasât
« la philosophie ou que la philo-
« sophie conquît la nation ; le
« despotisme se tut et la nation se
« laissa conquérir.

« Depuis long-tems la théorie
« des philosophes, sur la nature
« des gouvernemens, se propa-
« geait avec hardiesse, comme
« avec impunité. On disait qu'il
« n'y avait de puissance suprême,
« instituée légalement, que dans
« les peuples assemblés ; alors le
« souverain de fait convoqua le
« souverain de droit, et la Fran-
« ce vit renaître ses états - géné-
« raux.

« Un peuple qui se régénère
« respecte les anciennes formes,
« lors même qu'elles l'ont rendu
« malheureux, jusqu'à ce qu'il
« ait la puissance de les abbatre.
« La classe du tiers, en France,
« ou les représentans de vingt
« millions d'hommes, avait con-
« senti, pour avoir une réprésen-
« tation légale, à être divisée par
« ordres : seulement elle avait
« énoncé son vœu d'avoir autant
« de membres à elle seule, que
« le clergé et la noblesse réunis ;
« comme il ne s'agissait, dans les
« vues du ministère, que d'une
« simple restauration de finances,

1 3

« ou trouva juste que ce tiers qui
« payait tout pût défendre ses
« droits contre tous , et ses de-
« sirs furent remplis : mais ce
« bienfait du trône devenait inu-
« tile, si, malgré une masse aussi
« imposante , cette classe jusqu'a-
« lors si oubliée , ne conservait
« qu'une voix, lorsqu'elle se trou-
« verait en présence des deux or-
« dres à privilège ; il fallut donc
« consentir à laisser opiner par
« tête. Ce premier pas des com-
« munes vers l'égalité des suffra-
» ges , à cause de la popularité
« bien connue d'un certain nom-
« bre de prélats et de gentils-
« hommes , leur en assurait la

« majorité , et dès lors tomba par
« sa base l'ancienne monarchie.

« Cependant la vieille dénomi-
« nation d'états-généraux gênait
« encore la nouvelle assemblée ,
« devenue essentiellement popu-
« laire. Les hommes d'état, et
« elle en avait beaucoup dans son
« sein , cherchèrent un titre qui
« pût leur permettre de créer un
« état sans modèle, et d'y faire le
« bien avec quelqu'énergie : il
« fallait que ce titre fût tout neuf
« dans la langue politique , pour
« que la multitude , qui se laisse
« gouverner par des mots , ne
« s'effrayât point de l'énorme

14

« pouvoir qu'il allait désigner, et
« ils choisirent celui d'assemblée
« nationale.

« Le ministère de France avait
« toujours les yeux fascinés. Il ne
« savait pas que du moment qu'un
« état laisse attacher une déno-
« mination, dont il ne connaît
« pas l'étendue, à un pouvoir qui
« ignore lui-même sa force, il est
« conquis. Il avait oublié que
« l'Appius de Rome, comme dé-
« cemvir, s'était vu supérieur
« aux consuls; que Cromwel,
« comme protecteur d'Angleter-
« re, avait été plus que roi, et
« en laissant présenter l'assem-

« blée nationale au roi, il soumit
« le roi à l'assemblée nationale.

« Les factions n'avaient pas at-
« tendu cette époque pour se
« montrer à visage découvert;
« un prince du sang à qui on
« avait persuadé qu'il était plus
« glorieux de remuer un état
« qu'un jardin, avait séparé pu-
« bliquement sa cause de celle du
« trône : un simple gentilhomme,
« infiniment plus dangereux, par-
« ce que, né avec le génie des
« grandes choses et une ame en-
« cline à la perversité, il mar-
« chait à la fois avec son génie et
« avec son ame à la célébrité, le

15

« comte de Mirabeau s'était fait
« un héros populaire, et aban-
« donnait ainsi tout ce qui tenait
« le timon de l'ancien gouverne-
« ment à sa nullité.

« Dans une crise aussi violente,
« il n'y avait que deux partis à
« prendre à ceux qui n'existaient
« que par les abus de l'ancien ré-
« gime : celui de la prudence,
« qui consistait à plier honorable-
« ment sous la faction dominante,
« en s'en déclarant les chefs ; ou
« celui d'une raison sublime, en
« se laissant entraîner par le tor-
« rent des lumières, et en faisant
« concourir le trône lui-même à

« la restauration de la monar-
« chie. Les tyrans subalternes
« trouvèrent le premier plan trop
« faible, et le second trop dan-
« gereux. On eut recours à la
« force, ou plutôt au simulacre
« de la force, et cette impruden-
« ce consomma la révolution.

« L'explosion se fit du côté où
« naturellement il ne devait y
« avoir aucun volcan, du côté
« de la capitale. Comment en ef-
« fet s'imaginer qu'une ville,
« composée de toutes les villes
« de l'Europe, par conséquent
« sans cet esprit particulier qui
« constitue la force, qu'une ville

16

« où le luxe avait isolé tous les in-
« térêts, où l'argent était la vertu,
« consentit à être le foyer d'une
« guerre civile, et préférât les
« orages d'une liberté incertaine,
« au calme d'un esclavage modéré
« par les mœurs ? Cette considé-
« ration, dont tous les esprits
« vulgaires pouvaient être frap-
« pés, détermina les courtisans
» de Louis XVI, je ne dis pas
« Louis XVI, à essayer en Fran-
» ce un de ces coups d'état qui
« réussissent si bien aux sultans
« de la maison ottomane, ou aux
« Sophis de Perse.

« Malheureusement Paris avait

« eu un siècle de lumières, ce
« qui anéantissait tout parallèle
« avec Constantinople et Ispahan ;
« des hommes devenus libres par
« des livres , et cachés derriére
« eux, dirigéaient l'opinion pu-
« blique, et cette opinion produi-
« sait à la fois deux effets, celui
« d'armer des citoyens et de dé-
« sarmer des esclaves.

«'D'après ce point de vue, vo-
« tre majesté impériale pourra,
« sans se tromper, dessiner elle-
« même la France au moment ter-
« rible de son insurrection.

« Depuis le 5 mai , jour où le
« roi avait ouvert l'assemblée des

» législateurs, jusqu'au milieu de
« juin, tout le tems s'était consu-
« mé en vains débats entre les
« trois ordres, sur les vérifica-
« tions des pouvoirs : les hom-
« mes d'état de la chambre po-
« pulaire, retranchés dans leur
« force d'inertie, se contentaient
« de fatiguer le clergé et la no-
« blesse de leurs frivoles péti-
« tions sur la nécessité de coopé-
« pérer à leurs travaux. Enfin, ils
« essayèrent le coup de vigueur
« de se constituer en assemblée
« nationale ; et la déclaration so-
« lemnelle, que tout impôt non
« consenti par les représentans de
« la France, était illégal fut le

« premier acte de leur souve-
« raineté.

« Louis XVI, plein de fran-
« chise et de probité, vrai cheva-
« lier français sur le trône, mais
« convaincu qu'il devait conser-
« ver à ses enfans, dans toute son
« intégrité, la couronne que ses
« ancêtres lui avaient transmise,
« indiqua une séance royale,
« pour tracer aux représentans de
« la nation, qu'il avait appellée à
« la liberté, la ligne qui séparait
« leurs droits de ses privilèges :
« son premier plan avait été de
« n'y faire parler que son cœur,
« et ce langage aurait été en-

« tendu de sa nombreuse famille.
« Mais sa cour qui l'obsédait et
« dont il avait la faiblesse de res-
« pecter les lumières, lors même
« qu'elles étaient en opposition
« avec l'instinct de sa droiture,
« l'engagea à ne parler que d'a-
« près l'esprit de son garde-des-
« sceaux, ce qui envénima la
« plaie de l'état qu'il s'agissait
« de refermer.

« On joignit à l'imprudence
« du fonds, celle des formes;
« plusieurs jours avant l'ouver-
« ture de la séance royale, on
« vint de la part de la cour fer-
« mer en grand appareil, la salle

« de l'assemblée nationale, et des
« gardes eurent ordre de l'entou-
« rer. Cette espèce d'acte d'hos-
« tilité fût le gantelet des anciens
« chevaliers jetté au milieu de la
« lice, et le président de l'assem-
« blée vint lui - même le ra-
« masser.

« Ce président se trouvait un
« sage des trois académies de la
« capitale, qui pouvait, comme
« Xénophon, exécuter une re-
« traite des dix mille et l'écrire ;
« il rassembla les représentans de
« la France dans l'enceinte d'un
« jeu de paume, et leur fit jurer
« de ne point se séparer que

« l'ouvrage de la restauration de
« l'état ne fut terminé. Cette es-
« pèce de conspiration en faveur
« de la liberté, avait, dans un
« sens, quelque chose de subli-
« me, parce que les conspira-
« teurs désarmés la tramaient au
« milieu de dix mille bayonnettes.

« Le lendemain, l'assemblée
« nationale se tint dans une église
« et le clergé vint s'y réunir.
« C'est alors que, pour la pre-
« mière fois, ce corps fit retentir
« l'édifice sacré du mot de patrie,
« si étranger à la langue des au-
« tels.

« Enfin, le 23 juin se fit avec

« tout l'appareil d'un pouvoir ar-
« bitraire, qui n'était de saison
« que sous un Louis XI, l'ouver-
« ture de la séance royale : le
« monarque y fit faire, par son
« garde-des-sceaux , l'énuméra-
« tion de tous les bienfaits dont
« il voulait combler ses sujets :
« tels que la renonciation au
« droit d'établir des impôts sans
« leur consentement ; l'abolition
« de la taille , des corvées et de
« la gabelle ; la suppression des
« lettres-de-cachet, le partage
« de la France en assemblées pro-
« vinciales, et ce qui était le plus
« grand frein de l'abus du pou-
« voir , la liberté de la presse

« Aucun prince, depuis Marc-
« Aurèle, n'avait eu le courage
« d'imposer au trône de pareilles
« loix, pour forcer ceux qui l'oc-
« cuperaient après lui, de rendre
« leurs peuples heureux.

« Malheureusement tant de
« générosité. parut ne pas partir
« d'une source assez pure. La
« nation avait la plus entière
« confiance dans la probité de
« Louis XVI; mais elle s'alarmait
« de l'ascendant que pouvait
« prendre sur lui son interprète.
« Ce qui pouvait légitimer ses
« soupçons, c'est que le garde-
« des-sceaux, malgré le cri pu-

« blic qui lui était contraire, dé-
« clara, dans la même séance que
« la distinction des trois ordres
« resterait loi fondamentale de
« l'état; et qu'il eut la mal-adresse
« de conserver dans un nouvel
« ordre de choses, ces mots *le*
« *roi veut; le roi défend; le roi*
« *casse et annulle*, qui font si
« bien sentir à un peuple inquiet
« le poids de ses chaînes.

« Tous ces accessoires odieux
« firent perdre de vue l'objet
« principal qui était la généro-
« sité du monarque. On crut voir
« un lit de justice au milieu
« d'une assemblée de souverains;

« et les derniers mots qu'on inss-
« pira à Louis XVI, ne détruisi-
» rent pas cette impression fu-
« neste : *Vous venez d'enten-*
« *dre*, dit-il, *le résultat de mes*
« *vues ; si par une fatalité, loin*
« *de ma pensée, vous m'aban-*
« *donniez dans une si belle en-*
« *treprise, seul je ferais le bien*
« *de mes peuples, seul je me*
« *considérerais comme leur vé-*
« *ritable représentant.*

   « Ces mots si absolus retentis-
« saient encore dans toutes les
« oreilles, quand le roi ordonna
« à l'assemblée de se séparer. Le
« clergé et la noblesse obéirent,

« ... parti populaire demeu-
» ...i enjoignit une seconde
» ...obtempérer et il resta
» ...branlable dans sa résistance.
» le prince avait fait marcher
» vers la salle des états les soldats
» dont il était le maître encore ,
» cette résistance aurait été qua-
» lifiée de révolte , mais le trône
» plia , et on la traita d'insurrec-
» tion.

« Cependant les représentans
» du peuple ne pouvaient lutter
» long-tems avec quelque succès
» contre le trône, avec leur force
» d'inertie : aussi ils se hâtèrent
» d'emprunter des armes dans

« l'opinion : avant de se séparer
« ils déclarèrent leurs personnes
« inviolables, et voulurent que
« tout Français, quelque fût son
« rang, qui y attenterait, fût ré-
« puté infâme et coupable de
« haute trahison. Cet arrêté créait
« douze cents tribuns qui, à
« l'ombre de l'inviolabilité pou-
« vaient, sans danger, sapper les
« fondemens de la monarchie.

« Il restait pour la sauvegarde
« de la couronne la division, si
« naturelle entre ces douze cents
« tribuns qui, séparés par état,
« par esprit de corps, par l'or-
« gueil des privilèges, ne pou-
                              « vaient

« vaient parler la même langue :
« mais la fatale séance royale lui
« fit encore perdre cet appui.
« Dès le surlendemain le duc
« d'Orléans, et quarante trois
« députés de la partie la plus im-
« posante de la noblesse, vinrent
« se réunir au clergé et aux re-
« présentans du peuple, et deux
« jours après les trois ordres en-
« tiers, rassemblés dans une salle
« commune, en constituant une
« vraie assemblée nationale, don-
« nèrent une plus juste idée de
« ce que Cynéas appellait un sé-
« nat de souverains.

« Cependant le pas que le trône

« avait fait en arrière, avait en-
« gagé tout ce qui veille dans le
« sommeil des loix, d'en faire un
« en avant. La populace de Ver-
« sailles, irritée contre l'arche-
« vêque de la capitale, de ce
« qu'il balançait entre la souve-
« raineté du monarque et celle
« des représentans du peuple,
« avait été sur le point de lui
« faire subir le supplice de Saint-
« Etienne. A Paris on tenait, au
« Palais - Royal, espèce de Ca-
« ravanserai, toujours fréquenté
« de brigands et de prostituées,
« c'est-à-dire, entre le crime et
« l'opprobre, une espèce de se-
« conde assemblée nationale, où

« l'on faisait des loix, d'où on
« allait forc r les prisons, et dont
« les orateurs haranguaient ou
« soudoyaient la multitude desti-
« née à former l'armée de la ré-
« volution.

« La cour qui voyait le péril du
« roi, mais qui craignait moins
« pour lui que pour elle-même,
« ayant épuisé les ressources qui
« lui étaient familières, celles de
« la corruption, songea enfin à
« recourir à la logique du despo-
« tisme, c'est-à-dire aux bayon-
« nettes. On fit accourir du fond
« des provinces, des régimens
« d'infanterie et de cavalerie

K 2

« pour en former un camp aux
« portes de Paris : on garnit d'ar-
« tillerie toutes les avenues de
« Versailles, et le maréchal de
« Broglie, nommé général de la
« couronne, déclara à son fils,
« qui s'honorait d'être patriote,
« que s'il conjurait contre son
« roi, il trouverait dans son père
« un second Brutus.

« Assurément le plan de Louis
« XVI, en suivant ainsi les im-
« pulsions étrangères qu'on lui
« donnait, n'était que d'effrayer
« ces instigateurs des troubles
« qui, sans principe et sans ame,
« également indifférens pour tous

« les gouvernemens, ne chan-
« gent un état que pour y accu-
« muler des ruines. Le caractère
« de ce Prince était connu de
« l'Europe ; sa vie entière dépo-
« sait en faveur de l'humanité de
« ses maximes : c'était le der-
« nier période de l'absurdité de
« supposer qu'après avoir appellé
« douze cents hommes à la régé-
« neration de ses états, nouveau
« Néron, il songeât à les fou-
« droyer sur les décombres de
« sa capitale : mais ce rassemble-
« ment de troupes, effet appa-
« rent du machiavelisme, faisait
« fermenter, avec raison, tous
« les esprits ; on ne voulait pas

K 3

« pas que l'ordre se rétablit par
« les agens de la tyrannie, et al-
« ler à la régénération par la
« terreur.

« Les troupes à peine arrivées
« aux portes de Paris, on songea
« à les accabler du poids de l'o-
« pinion publique : ce moyen
« avait déjà réussi auprès du
« régiment des gardes : on y
« ajouta bientôt un ressort plus
« efficace, celui de la corrup-
« tion. Ainsi les deux partis, l'un
« se tenant à l'ombre, sous la
« souveraineté de l'assemblée na-
« tionale ; l'autre, plus à décou-
« vert, en faisant parler la sou-

« veraineté du roi, se disputaient
« l'armée.

« Les représentans réunis de
« la France s'endormaient encore
« moins sur la crise actuelle de
« l'état : devenus de plus en plus
« Romains à la vue de cette pa-
« trie qu'on cherchait à leur ar-
« racher , ils décrétèrent une
« adresse au roi, écrite par Taci-
« te, sous le nom de Mirabeau.
« En voici quelques fragmens.

« *Que désigne, sire, cet ap-*
« *pareil menaçant d'artillerie et*
« *de soldats? Où sont les enne-*
2 *mis de l'état et du roi qu'il*

« faut subjuguer? Où sont-les
« rebelles, les ligueurs qu'il faut
« réduire?.... La France n'a
« rien à redouter que des mau-
« vais principes qui osent assié-
« ger le trône.... Elle ne souf-
« frira pas qu'on abuse le meil-
« leur des rois, et qu'on l'écar-
« te, par des vues sinistres, du
« noble plan, qu'il a lui-même
« tracé. Vous nous avez appellés
« pour opérer, de concert avec
« vous, la régénération du
« royaume.... Les terreurs ne
« retarderont pas notre marche,
« n'intimideront point notre cou-
« rage.... Le danger qui s'an-
« nonce, sire, est terrible, et

« jugez de son étendue par les
« alarmes qui nous amènent de-
« vant vous. De grandes révolu-
« tions ont eu des causes bien
« moins éclatantes ; plus d'une
« entreprise fatale aux nations,
« s'est annoncée d'une manière
« moins sinistre et moins formi-
« dable.... Nous vous en con-
« jurons donc, au nom de la
« patrie, au nom de votre bon-
« heur et de votre gloire, ren-
« voyez vos soldats aux postes
« d'où vos conseillers les ont ti-
« rés ; renvoyez, sur-tout les
« troupes étrangères, que nous
« payons pour nous défendre et
« non pour troubler nos foyers....

« *Restez, en un mot, au milieu* « *de vos enfans, gardé par leur* « *amour.*

« Lorsque dans un état qui s'a-« gite pour être libre, un sujet « désarmé parle ainsi à un roi en-« touré de cinquante mille hom-« mes, tout porte à croire que, « malgré tous ces soldats, ce roi « deviendra bientôt sujet...., du « moins des loix qu'il n'a point « faites.

« Louis XVI avait encore les « armes à la main : sa cour était « compromise, mais non pas sa « personne : il était toujours cher « aux deux partis, et méritait de

« l'être. C'était le moment de ca :
« pituler sinon avec ses sujets, du
« moins avec les lumières, d'ap-
« peller lui-même à son secours
« la raison des représentans d'un
« grand peuple, de paraître lui
« donner des loix, en en recevant
« d'elle, et de sauver ainsi, en
« transigeant honorablement avec
« la liberté, les débris respecta-
« bles de sa couronne.

« Au lieu de cette capitulation
« glorieuse, on lui conseilla de
« déployer tout l'appareil d'un
« pouvoir qui s'échappait de ses
« mains. Ce conseil perfide, en
« perdant le monarque, apprit à

« la France un grand secret, c'est
« qu'elle pouvait se régénérer
« sans guerre civile.

« Le ministère, forcé d'adop-
« ter des principes versatiles, ba-
« lançant entre un serment an-
« cien et une patrie nouvelle,
« craignant de se voir froissé
« entre le monarque et la monar-
« chie, n'avait jusqu'alors mon-
« tré qu'une physionomie sans
« caractère. Mais enfin, il était
« vertueux dans sa faiblesse ; il
« n'avait jamais donné des con-
« seils de sang ; une cour dépravée
« l'honorait de sa haine. Voilà
« des motifs qui devaient le faire
« conserver

« conserver. Comme il avait fa-
« vorisé de la révolution tout ce
« qui pouvait se concilier avec
« l'ancienne prérogative de la
« couronne, le destituer au mo-
« ment de la crise, c'était faire
« évidemment le procès à la révo-
« lution, c'était s'ôter la ressource
« d'un médiateur, dans le cas où
« on ne remporterait pas la vic-
« toire.

« Parmi ces ministres, il y en
« avait un sur-tout sur lequel les
« regards de la France semblaient
« fixés : c'était le philosophe
« Necker, cher au roi par une
« sympathie de probité ; à l'assem-

Tome II. L

« bléc nationale, parce qu'elle
« était son ouvrage, et à la capi-
« tale, parce que son crédit avait
« empêché la banqueroute ; l'en-
« thousiasme pour lui était tel,
« que la destinée publique parais-
« sait reposer dans sa main : il
« était pour la nation l'homme du
« roi, et pour le roi l'homme de
« la nation.

« Tant de considérations, si
« faites pour désarmer un gou-
« vernement sage, ne firent que
« rendre le couroux de ceux qui
« tenaient en secret le timon de
« l'état plus impétueux : tout le
« ministère fut disgracié à la fois,

« et le philosophe Necker reçut
« en particulier, l'ordre de sortir
« de la capitale sous vingt-quatre
« heures. En même-tems, pour
« braver l'opinion publique, on
« nomma à leur place des hommes
« sinon déjà flétris, du moins infi-
« niment suspects dans l'esprit des
« peuples, et plus faits, par leurs
« principes dominateurs, pour le
« grand visiriat de Constantinople,
« que pour le ministère orageux
« d'un état qui se régénère.

« A la première nouvelle de la
« révolution dans le ministère, les
« esprits fermentèrent avec plus
« de violence que jamais. Le péril

L. 2

« où se trouvait la chose publi-
« que, étouffant tous les germes
« particuliers de discorde dans
« l'assemblée nationale, elle dé-
« clara à l'unanimité, comme in-
« terprète des sentimens de la
« nation, que les ministres disgra-
« ciés emportaient avec eux son
« estime et ses regrets : elle ren-
« dit les ministres nouveaux, et
« tous les agens du pouvoir, res-
« ponsables des malheurs qui al-
« laient arriver, et comme on
« avait des alarmes sur l'adminis-
« tration actuelle des finances,
« elle eut l'adresse, pour intéres-
« ser le plus grand nombre des

« nouveaux citoyens à sa cause,
« de mettre la dette publique
« sous la sauve-garde de la loyau-
« té française.

« Pendant que les douze cents
« rois se mettaient ainsi en dé-
« fense, Paris ne montrait pas un
« front moins menaçant. Les spec-
« tacles furent suspendus comme
« dans des jours de calamité gé-
« nérale ; on sonna un tocsin si-
« nistre dans toutes les églises, et
« vingt-mille brigands qu'on fai-
« sait mouvoir, sans les avouer,
« se répandirent dans les faux-
« bourgs.

L 3

« A ces mouvemens inconsi-
« dérés s'en joignirent bientôt de
« plus réfléchis : la capitale pour
« procéder avec ordre à l'élec-
« tion de ses députés, s'était par-
« tagée en soixante divisions. Les
« bourgeois, placés entre les bri-
« gands et l'armée royale, et crai-
« gnant pour leurs foyers, au pre-
« mier signal des désordres se
« rendirent dans leurs départe-
« mens respectifs, se classèrent
« pour former une milice ci-
« toyenne, se choisirent des chefs
« parmi les officiers retirés du
« service, et dans l'espace de
« vingt-quatre heures, protégè-
« rent la patrie naissante d'une

« armée de quarante-huit mille
« hommes.

« Cette armée parisienne n'a-
« vait, pour se défendre, que des
« épées et du courage : on s'em-
« para des fusils, rassemblés au
« dépôt de l'hôtel de ville et au
« garde-meuble de la couronne,
« on força les magasins des ar-
« muriers, on fondit des balles
« dans les églises; cette irruption,
« surveillée par des gens de bien,
« n'entraîna d'ailleurs aucun pil-
« lage. L'or ne tentait personne,
« on ne voulait que du fer.

« Pour faire réussir de pareil-

L 4

« les insurrections, il faut qu'au
« moment que les têtes délibè-
« rent, les bras exécutent. On
« savait qu'il y avait un amas d'ar-
« mes considérable à l'hôtel royal
« des invalides ; mais cet hôtel
« touchait au champ de Mars, où
« campait une partie de l'armée
« royale ; malgré un voisinage
« aussi alarmant, malgré les ca-
« nons dont l'avenue de l'hôtel
« était hérissée, on s'empare de
« ce poste et on se distribue vingt-
« huit mille fusils, cachés sous le
« dôme de l'église.

« Ce triomphe donna l'idée
« d'un autre plus important. La

« capitale n'avait qu'une forte-
« resse, et cette forteresse était
« une prison d'état. Les parisiens ,
« sans connaissance de la tactique
« des places , sans artillerie et
« presque sans discipline , réso-
« lurent de la renverser. Ce beau
« mouvement de patriotisme mé-
« rite une place distinguée dans
« l'histoire : car , si au fond il était
« aisé de s'emparer d'un fort mal
« pourvu de munitions , et où un
« commandant sans tête n'était
« obéi que par une compagnie
« d'invalides , il ne l'était pas de
« même à la vue de cette carrière
« de pierres de taille , hérissée
« de bouches à feu , de supposer

L 5

« la possibilité d'une pareille con-
« quête. Des hommes vulgaires
« pouvaient s'emparer de cette
« place, mais il n'y avait que des
« héros qui osassent en faire le
« siège.

« La Bastille ne tint que quel-
« ques heures. Le marquis de
« Launay avait eu la lâcheté de
« laisser entrer une cohorte d'as-
« siégeans dans la cour intérieure,
« sous prétexte de parler d'ac-
« commodement, et de l'y faire
« fusiller de sang - froid par ses
« soldats, devenus des bourreaux.
« Cette perfidie, inutile à sa dé-
« fense, ne servit qu'à amener

« une vengeance de Cannibales :
« on avait rencontré dans une des
« cours de la forteresse, une
« jeune personne, dont les gra-
« ces égalaient l'ingénuité, et le
« bruit s'étant répandu que c'é-
« tait la fille du gouverneur, on
« la conduisit sur le premier pont,
« et on proposa au père de rendre
« la place ou de voir tout ce qu'il
« avait de plus cher expirer dans
« les flammes. Cette infortunée ne
« tenait en rien à la famille pros-
« crite des Launay : cependant on
« commençait à allumer l'espèce
« de bûcher où elle était évanouie,
« quand un officier qui la re-

L 6

« connut, vint l'arracher à son
« supplice.

« Dans l'intervalle, le régiment
« des gardes violant ses anciens
» sermens pour en faire un nou-
« veau à la patrie, avait amené
« du canon aux assiégeans, et les
« chaînes du pont-levis une fois
« abbatues, était entré sans résis-
« tance dans la forteresse.

« Le gouverneur capitula en
« vain : en vain les gardes, les
« citoyens armés le protégèrent
« quelque tems dans sa marche,
« la populace effrénée qui avait
« voulu faire brûler sa fille toute

« vivante, le traîna, en l'acca-
« blant d'outrages, jusqu'à la
« Grève, le mit à mort, et porta
« sa tête au bout d'une lance,
« dans toutes les rues de la capi-
« tale.

« Quand on a eu l'imprudence
« de laisser goûter le sang hu-
« main à la dernière classe du
« peuple, elle s'en abreuve jus-
« qu'à l'yvresse. La municipalité
« de Paris avait à cette époque un
« chef nommé Flesselles, qu'on
« forçait à trahir le roi, tan-
« dis que le conseil du roi lui en-
« joignait de trahir la ville. Il au-
« rait fallu, dans des circonstan-

« ces aussi critiques, savoir agir
« en Catilina ou mourir en hé-
« ros. Ce magistrat n'était ni l'un
« ni l'autre. Il cédait tour à tour
« aux circonstances, et sa fai-
« blesse ne put vaincre sa desti-
« née : on le tua d'un coup de
« pistolet en sortant de l'hôtel-
« de-ville où il commandait, et
« les assassins du marquis de Lau-
« nay firent subir à son cadavre
« les mêmes outrages.

« Cependant, ces exécutions
« sanglantes, l'entrée du peuple
« aux Invalides, la prise de la
« Bastille, remplirent de terreur
« la cour de Versailles. On con-

« sulta le maréchal de Broglie sur
« le siége de la capitale ; il répon-
« dit que les soldats n'obéiraient
« pas, et qu'une fausse démarche
« pouvait compromettre la cou-
« ronne. Dès lors on commença à
« reconnaître la vérité de cette
« maxime des philosophes : que
« dans tout état où il y a des lu-
« mières, la force publique est
« toute entière dans l'opinion. En
« la respectant, le sage isolé s'en-
« toure d'une armée ; en la bra-
« vant, un despote qui a une ar-
« mée n'a rien.

« Louis XVI n'avait pas attendu
« le dénouement de cette tragé-

« die terrible, pour voir que des
« conseils perfides l'avaient égaré.
« Le sang de son peuple lui était
« plus cher que les prérogatives
« de sa couronne, et, résolu au
« plus magnanime des sacrifices,
« il avait promis, avant le siège
« de la Bastille, de retirer ses
« troupes et d'organiser lui-même
« la milice citoyenne de sa ca-
« pitale.

« Le spectacle de l'insurrec-
« tion, portée à son dernier dé-
« gré d'effervescence, ne fit que
« confirmer le monarque dans ses
« principes de modération : dans
« l'alternative ou de noyer dans

« leur sang huit cents mille ré-
« belles ou de reconnaître que
« des hommes libres avaient le
« droit de se régénérer, il eut la
« grandeur d'ame de légitimer la
« résistance de Paris, en lui don-
« nant son aveu. Si cette condes-
« cendance fût une faiblesse,
« c'est la plus vertueuse qu'on
« puisse reprocher au père de
« vingt-cinq millions d'hommes.

« Louis XVI disgracia le nou-
« veau ministère, rappella l'an-
« cien, et sur-tout le philosophe
« Necker, que la France entière
« semblait porter dans son cœur :
« il renvoya dans leurs garnisons

« les régimens qui campaient au-
« tour de sa capitale, et, non
« content de toutes ces démar-
« ches de paix, il vint sans gardes
« et, en déposant tout le faste de
« sa couronne, au milieu de l'as-
» semblée nationale, se déclarer
« le chef de la nouvelle légis-
« lation.

« Ici commence un nouvel or-
« dre de choses, une série d'er-
« reurs et de crimes, qu'il fau-
« drait, comme dans la galerie où
« sont tracés les exploits du grand
« Condé, arracher au burin de
« l'histoire.

« Paris, devenu en quelques

« jours, de Sybaris qu'elle était,
« une nouvelle Lacédémone ; Pa-
« ris qui avait réussi à se créer
« une patrie, avant qu'on eut le
« tems de dresser le code de ses
« loix, Paris libre enfin, après
« douze cents ans d'esclavage,
« devait être contente de sa des-
« tinée. Mais la prise de la Bas-
« tille fut pour ses guerriers cette
« retraite de Capoue, qui dégrada
« les mœurs des soldats d'Anni-
« bal. Ils ne perdirent pas leur
« ancienne bravoure ; mais gâtés
« par la prospérité, ils ne connu-
« rent point la générosité, la pre-
« mière des jouissances après la
« victoire ; ils osèrent humilier et

« l'ennemi qu'ils avaient vaincu »
« et un monarque sensible qui,
« pour épargner leur sang, sem-
« blait avoir abdiqué sa couronne.'

« Louis XVI avait promis de
« se rendre aux vœux de sa nou-
« velle milice citoyenne, qui l'ap-
« pellait dans son sein. L'enthou-
« siasme avec lequel on l'avait re-
« çu dans l'assemblée de la na-
« tion, lui faisait espérer le mê-
« me accueil dans sa capitale :
« c'était une erreur ; aussi, l'idée
« d'avoir été trompé par son
« cœur, ajouta-elle à l'amertume
« de sa fausse démarche.

« Il partit de Versailles sans ap-
« pareil et sans gardes, précédé
« du canon enlevé à ses officiers
« aux Invalides et à la Bastille.
« Obligé de rallentir sa marche,
« pour ne se dérober à aucun re-
« gard, il traversa une triple haye
« de deux cents mille hommes,
« armés de piques, de sabres et de
« fusils, surmontés de leurs bayon-
« nettes, qui bordaient les quais,
« depuis la barrière de Paris, jus-
« qu'à l'hôtel - de - ville, sans
« qu'aucun cri d'applaudissement,
« aucune bénédiction attestassent
« la reconnaissance d'un peuple
« dont il méritait plus que jamais
« d'être l'idôle. Il semblait qu'on

« ne l'avait appellé dans sa capi-
« tale que pour faire disparaître
« à ses yeux toutes les distinc-
« tions sociales, et lui montrer
« que, roi ou plébéien, tout in-
« dividu n'est qu'un homme de-
« vant la nature.

« Après avoir traversé la Grève,
« teinte encore du sang des Lau-
« nay et des Flesselles, pour lui
« faire épuiser jusqu'à la lie le
« calice de l'amertume, on lui fit
« prendre, en cérémonie, la co-
« carde nationale, qui était la li-
« vrée de l'insurrection, et com-
« me si ce n'était que de ce mo-
« ment qu'il fut devenu roi des

« Français, on attendit qu'il eut
« cette décoration pour donner
« le signal des applaudissemens à
« la multitude.

« De bons esprits entraînés par
« le délire universel , ont voulu
« justifier la honte de cette pom-
« pe triomphale , en disant que
« la terreur était nécessaire pour
« enchaîner le chef de l'état à la
« révolution ; mais la terreur n'est
« utile qu'au moment où l'oppres-
« sion pèse sur les têtes , et non
« à celui où elle s'anéantit. Il y
« avait de la justice peut-être
« après la révocation de l'édit de

« Nantes, d'écraser Louis XIV
« par le silence de sa capitale et
« par l'appareil de sa force ; mais
« traîner ainsi en triomphe, com-
« me si c'était Jugurtha ou Ze-
« nobie, un monarque qui vient
« sanctionner la liberté qu'un
« peuple se donne, c'est unir l'in-
« gratitude à la férocité.

« La douleur concentrée de
« Louis XVI était une jouissance
« nouvelle pour une multitude
« qui voyait briser son frein pour
« la première fois : non contente
« de cet essai de ses forces, elle
« chercha de nouveau, à quelque
                « distance

« distance du trône, d'illustres
« victimes.

« Parmi les membres de ce der-
« nier ministère, qui n'avait duré
« que trente-six heures, était un
« administrateur, vieilli dans les
« affaires, qui avait les lumières
« qu'en donne l'habitude, et
« peut-être la dureté. Le peuple,
« pour qui le célèbre Necker était
« une seconde patrie, ne par-
« donna pas à ce vieillard d'avoir
« été nommé pour lui succéder.
« Il le fit passer par tous les dégrés
« de l'opprobre, par toutes les
« agonies de la douleur, et finit
« par le pendre à un réverbère.

Tome II. M

« Cet infortuné avait fait épou-
« ser sa fille à l'intendant de Pa-
« ris. Dès le lendemain on arrêta
« ce dernier ; on le força à baiser
« la tête sanglante de son beau-
« père, attachée au bout d'une
« lance, et après lui avoir fait su-
« bir un interrogatoire odieux à
« l'hôtel-de-ville, on le massacra
« sous les fenêtres du tribunal
« auquel il avait demandé un asy-
« le. Son cœur fut arraché par
« des Cannibales, et porté tout en
« lambeaux aux chefs de la nou-
« velle administration, qui n'eu-
« rent la force ni de les frapper,
« ni de mourir.

« J'afflige, par de tels récits,
« la sensibilité de votre majesté
« impériale; mais elle m'a com-
« mandé de voir tout par mes
« yeux, de n'écrire qu'avec mon
« ame, et sur-tout de n'affaiblir
« aucune des teintes du tableau.
« j'ai obéi; je me suis pénétré de
« mon sujet; j'ai placé la posté-
« rité devant moi, et j'ai laissé cou-
« ler ma plume.

« Au reste, en ce moment la
« grande plaie de l'état com-
« mence à se refermer. On peut
« sans voir son nom sur les tables
« de proscriptions, gémir des at-

M 2

« tentats dont on a souillé le ber-
« ceau de la révolution ; il sem-
« blerait que le fanatisme de la li-
« berté a pris ses dernières vic-
« times.

« Du sein des discordes civi-
« les sont nés des choix heu-
« reux d'administrateurs. Le mê-
« me peuple qui venait d'égor-
« ger ses chefs sans les enten-
« dre, a nommé le héros de
« l'Amérique, La Fayette, pour
« commander sa milice naissan-
« te, et l'homme de bien Bailly
« pour présider à sa municipalité.

« Un cri plein d'énergie s'est

« fait entendre à la fois sur tous
« les points de la surface de la
« France, pour demander une
« patrie et un roi, qui en serait
« le père, et au même moment
« une confédération de citoyens
« armés s'est formée pour proté-
« téger et la patrie et le roi, avec
« quatre millions de bayonnettes.

« Le roi débarrassé des hom-
« mes pervers qui assiégeaient
« sa crédule jeunesse, livré aux
« lumières des représentans de sa
« nation, n'ayant plus à répondre
« seul de la destinée de vingt-
« cinq millions d'hommes, avec

« moins de fardeau aura plus de
« bonheur : il verra son pouvoir
« partagé, puisqu'il ne règnera
« plus qu'avec la loi : mais aussi
« son trône ne se trouvera plus
« comme il l'était autrefois, assis
« sur une base odieuse, entre le
« despotisme et la banqueroute.

« La dernière arme des fac-
« tieux leur a été arrachée, parce
« que la personne de Louis XVI
« a été déclarée inviolable, et que
« l'état qu'il gouverne a été re-
« connu comme monarchie.

« Le ministère, devenu respon-

« sable de son administration, n'a
« plus la seule force dont il se
« glorifiait sous l'ancien régime,
« celle de faire le mal. L'inquisi-
« tion des lettres - de - cachet est
« anéantie ; les prisons d'état sont
« désertes, et déjà le général
« La Fayette envoye une des clefs
« de la Bastille renversée, à Was-
« hington, le héros du nouveau
« monde.

« L'assemblée nationale, qui
« jusqu'alors n'avait eu que les
« armes de l'opinion pour établir
« son empire, forte en ce mo-
« ment de toute la terreur qu'ins-

» pire le succès de l'insurrection ;
« se propose de balayer devant
« elle tous les abus et tous les
« préjugés qui couvrent la Fran-
« ce , en commençant par le
« trône et en finissant par la pous-
« sière.

« Déjà le grand ouvrage est
« commencé ; les représentans de
« la nation nous donnent les élé-
« mens d'un code qui a échappé
« jusqu'ici à la sagesse de tous les
« législateurs : on y jette des prin-
« cipes qui tendent à extirper tou-
« tes les tyrannies, sans épargner
« la plus redoutable, celle qui
« s'appuye sur les autels.

« Quand l'honneur, les pro-
« priétés et la vie de chaque ci-
« toyen seront à l'abri de toute
« atteinte, on se propose de re-
« fondre l'éducation nationale,
« pour faire marcher les mœurs
« de niveau avec les loix, et ren-
« dre ainsi la vieillesse d'un grand
« empire aussi vigoureuse que
« son adolescence.

« Je ne crois point à la politi-
« que conjecturale qui lit dans
« l'avenir : mais si l'assemblée na-
« tionale ne rencontre pas dans
« son sein des ennemis de sa gloi-
« re, si l'édifice dont elle a posé

« la première pierre, peut arriver
« jusqu'à son couronnement, je
« pressens que l'état nouveau qui
« en résultera deviendra le mo-
« déle de l'Europe, si même, au
« défaut de ses armes, sa morale
« sublime n'en fait pas la con-
« quête.

FIN DU SECOND VOLUME.